Für
Nico
von Lisa
& Kathi

Dr. Oetker

VEGETARISCH GRILLEN

Dr. Oetker

VEGETARISCH GRILLEN

Dr. Oetker Verlag

VEGETARISCH GRILLEN!

Jetzt kann man ganz gesund nachlegen!

Im 21. Jahrhundert heißt Grillen nicht mehr automatisch Würstchen, Koteletts oder Steaks. Inzwischen gibt es immer mehr schmackhafte Alternativen für das Veggie-Grillen – angefangen hat es mit Maiskolben, Folienkartoffeln oder Käse. Die neuen Auswahlmöglichkeiten sind riesig: Pur oder mariniert, gefüllt oder aufgespießt – Baby-Pak-Choi oder gefüllte Tortilla-„Tüten". Begleitet von Polenta-Grill-Talern oder Pilz-Glasnudel-Salat sind das kulinarische Erlebnisse!

Nicht nur auf dem heimischen Herd, sondern auch auf dem Grill gibt es so richtig verführerische vegetarische Rezepte von feurig-scharf über mediterran-aromatisch bis fruchtig-süß. Probieren Sie doch mal Tofu mit Asia-Marinade, Frühlingszwiebeln mit Romesco-Sauce oder Honigmelone mit Minze. Ihre vegetarischen oder veganen Gäste freuen sich garantiert auch, wenn Sie gespießte Kartoffel-Wedges, Avocados mit Tomaten-Oliven-Füllung oder Kichererbsen-Bällchen grillen und dazu gestreiften Gurken-Mango-Salat, Tomaten-Melonen-Salsa oder Apfel-Papaya-Dip reichen. Das überzeugt auch „eingefleischte" BBQ-Fans!

Geht alles ganz einfach: Die Rezepte sind „Schritt-für-Schritt" beschrieben und im Ratgeber finden Sie zusätzliche Tipps für das vegetarische Grillen.

BUNT AUFGEREIHT & ÜBERRASCHEND GEFÜLLT

„SPIESSIGE" ABWECHSLUNG MIT „INNEREN WERTEN"

HALLOUMI-SPIESSE
(TITELREZEPT)

750 g Halloumi-Käse

3 grüne Paprikaschoten
(etwa 750 g)
6 rote Zwiebeln (etwa 230 g)

2 Knoblauchzehen
einige Stängel Thymian
10 Pfefferminzeblättchen
250 ml Olivenöl
gem. Pfeffer

Außerdem:
6 Grillspieße (etwa 30 cm lang,
z. B. Bambusspieße, über Nacht in
Wasser eingelegt)

1. Den Halloumi-Käse in mundgerechte Stücke schneiden.

2. Paprikaschoten halbieren, entstielen, entkernen und die weißen Scheidewände entfernen. Schoten abspülen, abtropfen lassen und in mundgerechte Stücke schneiden. Zwiebeln abziehen, vierteln und in einzelne Segmente zerlegen.

3. Paprikastücke, Zwiebelsegmente und Käse gleichmäßig verteilt und abwechselnd auf die Spieße stecken. Die Spieße nebeneinander in eine große, flache Schale legen.

4. Knoblauch abziehen und fein würfeln. Thymian und Minzeblättchen abspülen und trocken tupfen. Die Blättchen von den Thymianstängeln zupfen. Thymian- und Minzeblättchen fein schneiden, mit dem Öl verschlagen. Knoblauch unterrühren.

5. Die Käsespieße mit dem Pfeffer würzen und der Ölmischung rundherum einstreichen.

6. Die Spieße auf dem gefetteten Grillrost bei nicht zu starker Grillhitze 10−15 Minuten grillen, dabei gelegentlich wenden.

Zubereitungszeit: 40 Minuten | Grillzeit: 10−15 Minuten |
6 Spieße | Pro Spieß: E: 36 g, F: 41 g, Kh: 5 g, kJ: 2247, kcal: 537, BE: 0,5

TIPPS

Die Spieße können Sie auch auf einer gefetteten Grillplatte oder in gefetteten Edelstahl-Grillschalen grillen. Die Spieße zum Servieren mit fein geschnittenen Thymian- und Pfefferminzeblättchen bestreuen.

GEFÜLLTE COUSCOUS-TOMATEN

250 g Couscous
Wasser oder Gemüsebrühe
(nach Packungsanleitung)

24 kleine Fleischtomaten
(etwa 2 ½ kg)
1 Bund Frühlingszwiebeln
(etwa 250 g)
1 Bund glatte Petersilie
3 Knoblauchzehen
2 Limetten
etwa 150 ml Olivenöl
Salz
gem. Pfeffer

1 Fladenbrot (etwa 500 g)

Außerdem:
2 Edelstahl-Grillschalen
(ohne Löcher)

1. Couscous nach Packungsanleitung mit Brühe oder Wasser (die auf der Packung angegebene Flüssigkeitsmenge verwenden) zubereiten.

2. Tomaten abspülen, abtrocknen, die Stängelansätze herausschneiden und von jeder Tomate einen Deckel abschneiden. Die Tomaten mit einem Kugelausstecher oder einem kleinen Löffel aushöhlen. Die Tomatendeckel fein würfeln.

3. Frühlingszwiebeln putzen, abspülen, abtropfen lassen und in feine Scheiben schneiden. Petersilie abspülen, trocken tupfen und die Blättchen von den Stängeln zupfen. Die Blättchen fein schneiden.

4. Knoblauch abziehen und durch eine Knoblauchpresse drücken. Die Limetten halbieren und den Saft auspressen.

5. Die Tomatenwürfelchen mit den Frühlingszwiebelscheiben, der Petersilie, dem Knoblauch und dem Öl unter den Couscous mischen. Das Ganze mit Salz, Pfeffer und Limettensaft würzen.

6. Die ausgehöhlten Tomaten mit Salz und Pfeffer würzen und in die Grillschalen (gefettet) setzen. Die Tomaten mit der Couscous-Mischung füllen.

7. Die Grillschalen auf den Rost des heißen Grills stellen. Die Tomaten etwa 15 Minuten bei nicht zu starker Hitze grillen. Das Fladenbrot kurz mit anrösten.

8. Die gegrillten Tomaten mit dem Fladenbrot servieren.

Zubereitungszeit: etwa 50 Minuten | Grillzeit: etwa 15 Minuten |
6–8 Portionen | Pro Portion: E: 13 g, F: 24 g, Kh: 68 g, kJ: 2333, kcal: 557, BE: 5,0

PROVENZALISCHE
GEMÜSE-BROT-SPIESSE

3 gleich große Zucchini
(etwa 350 g)
Salzwasser
2 Paprikaschoten
24 Cocktailtomaten (etwa 500 g)
1 Baguette (etwa 250 g)
12 abgetropfte, entsteinte
große Oliven (etwa 85 g)

Für den Dip:
1 Tomate (etwa 125 g)
250 g Sahnequark
125 ml Tomatenketchup
Salz
gem. Pfeffer

125 g Knoblauchbutter

Außerdem:
1–2 große Grillschalen
(ohne Löcher)
12 Grillspieße (20–25 cm lang,
z. B. Bambusspieße, über Nacht
in Wasser eingelegt, oder
Metallspieße)

1. Zucchini abspülen, abtrocknen und die Enden abschneiden. Die Zucchini längs mit einem Sparschäler oder einer Aufschnittmaschine in dünne Scheiben schneiden. Die Zucchinischeiben in kochendem Salzwasser portionsweise 2–3 Minuten garen, dann abtropfen lassen.

2. Paprika halbieren, entstielen, entkernen und die weißen Scheidewände entfernen. Schotenhälften abspülen, abtropfen lassen, jeweils dritteln und die Paprikadrittel nochmals quer halbieren. Paprikastücke nach Belieben kurz in kochendem Salzwasser blanchieren und abtropfen lassen. Tomaten abspülen, abtrocknen und evtl. die Stängelansätze herausschneiden.

3. Baguette in 24 gleich dicke Scheiben schneiden. Zucchinischeiben aufrollen. Jeweils abwechselnd 2 Baguettescheiben, 2 Zucchiniröllchen, 2 Cocktailtomaten, 2 Paprikastücke und 1 Olive auf einen Spieß stecken.

4. Für den Dip die Tomate abspülen, abtrocknen, halbieren und den Stängelansatz herausschneiden. Tomate in kleine Würfel schneiden. Quark mit Ketchup verrühren, mit Salz und Pfeffer abschmecken. Die Tomatenwürfel unter den Dip rühren.

5. Die Spieße mit Salz und Pfeffer bestreuen, nebeneinander in die Grillschalen (gefettet) legen. Knoblauchbutter zerlassen. Die Spieße damit bestreichen. Die Grillschalen auf den Grillrost des heißen Grills stellen. Die Spieße 15–20 Minuten grillen, dabei einmal wenden.

6. Die Spieße mit dem Tomaten-Dip servieren.

Zubereitungszeit: 45 Minuten | Grillzeit: 15–20 Minuten |
12 Spieße | Pro Spieß: E: 6 g, F: 10 g, Kh: 18 g, kJ: 823, kcal: 198, BE: 1,5

 **TIPP** Für diese Spieße können auch andere Brotsorten, wie z. B. Zwiebelbrot, Vollkorn- oder Kräuter-Baguette verwendet werden.

GEFÜLLTE TORTILLA-„TÜTEN"

6 rote Zwiebeln (etwa 400 g)
2 Knoblauchzehen
6 Zucchini (etwa 1 ¼ kg)
6 gelbe Paprikaschoten (etwa 850 g)
1 kleines Bund Thymian
200 g Ziegenkäse

etwa 150 ml Olivenöl

Salz
gem. Pfeffer

6 Weizen-Tortilla-Fladen
(320 g, aus dem Brot- oder
Spezialitätenregal)

Außerdem:
1 große Edelstahl-Grillschale
(ohne Löcher)
6 Holzspießchen

1. Zwiebeln und Knoblauch abziehen und fein würfeln. Zucchini abspülen, abtrocknen und die Enden abschneiden. Die Paprikaschoten halbieren, entstielen, entkernen und die weißen Scheidewände entfernen. Schotenhälften abspülen und abtropfen lassen. Zucchini und Paprika in Würfel schneiden.

2. Thymian abspülen, trocken tupfen und die Blättchen von den Stängeln zupfen. Den Käse reiben oder in kleine Würfel schneiden.

3. Das Olivenöl in die Grillschale gießen. Die Grillschale auf den Grillrost des heißen Grills stellen. Das Olivenöl in der Grillschale erhitzen. Die vorbereiteten Zwiebel-, Knoblauch-, Zucchini- und Paprikawürfel in die Grillschale geben und unter gelegentlichem Rühren etwa 10 Minuten grillen.

4. Die Tortilla-Fladen zu „Tüten" formen, mit je einem Holzspießchen fixieren.

5. Das gegrillte Gemüse mit dem Käse vermischen und in die Tortilla-„Tüten" füllen. Die gefüllten „Tüten" evtl. portionsweise in der Grillschale auf dem heißen Grill bei nicht zu starker Hitze 2–3 Minuten grillen.

Zubereitungszeit: 30–40 Minuten | Grillzeit: etwa 15 Minuten |
6 Portionen | Pro Portion: E: 14 g, F: 38 g, Kh: 42 g, kJ: 2457, kcal: 587, BE: 3,0

 **TIPPS** Statt Ziegenkäse eignen sich auch Gouda, Emmentaler oder Mozzarella. Die Tortilla-„Tüten" statt in der Grillschale auf einer gefetteten Grillplatte grillen.

WINTERGEMÜSE AM SPIESS

2 Fenchelknollen (etwa 580 g)
4 dünne Stangen Porree (Lauch)
8 mittelgroße Möhren (etwa 560 g)
1 Staudensellerie (etwa 550 g)
16 Schalotten (etwa 600 g)
Salzwasser

8 kleine Knoblauchzehen
einige Zweige Rosmarin
und Thymian
4 EL Pflanzenöl
Salz
gem. Pfeffer

Für den Dip:
250 g Akazienhonig
2 EL Crema di Balsamico

Außerdem:
10 lange Grillspieße (etwa 30 cm
lang, z. B. Bambusspieße,
über Nacht in Wasser eingelegt,
oder Metallspieße)

1. Die Fenchelknollen putzen, abspülen und abtropfen lassen. Die Porreestangen putzen, das dunkle Grün im oberen Bereich abschneiden. Die Stangen gründlich waschen und abtropfen lassen. Jede Stange in etwa 5 cm lange Stücke schneiden.

2. Die Möhren putzen und schälen. Staudensellerie putzen. Möhren und Selleriestangen abspülen, abtropfen lassen und ebenfalls in etwa 5 cm lange Stücke schneiden. Die Schalotten abziehen und längs halbieren.

3. Salzwasser in einem Topf zum Kochen bringen. Nacheinander die Gemüsestücke darin bissfest garen. Zuerst die Fenchelknollen 15–20 Minuten, dann die Staudensellerie- und Möhrenstücke und Schalotten etwa 5 Minuten und zum Schluss die Porreestücke etwa 1 Minute. Die gegarten Gemüsestücke in ein Sieb geben, mit kaltem Wasser abschrecken, abtropfen und abkühlen lassen.

4. Die Knoblauchzehen abziehen, durch eine Knoblauchpresse drücken oder fein hacken. Die Kräuter abspülen und trocken tupfen. Die Blättchen und Nadeln abzupfen und fein schneiden. Knoblauch und Kräuter mit dem Pflanzenöl verrühren.

5. Die Fenchelknollen in Spalten schneiden und mit den vorbereiteten Gemüsestücken in bunter Reihenfolge auf die Spieße stecken.

6. Die Gemüsespieße mit dem Kräuteröl bestreichen, mit Salz und Pfeffer bestreuen. Die Spieße etwas abtropfen lassen und auf den gefetteten Grillrost des heißen Grills legen, insgesamt etwa 20 Minuten grillen, dabei die Spieße jeweils nach etwa 5 Minuten wenden.

7. Für den Dip den Akazienhonig leicht erwärmen und mit Crema di Balsamico abschmecken. Den Dip auf die noch heißen, gegrillten Spieße streichen oder dazuservieren.

Zubereitungszeit: 80 Minuten | Grillzeit: etwa 20 Minuten |
10 Spieße | Pro Spieß: E: 3 g, F: 3 g, Kh: 29 g, kJ: 672, kcal: 160, BE: 2,0

GESPIESSTE KARTOFFEL-WEDGES

2 kg festkochende Kartoffeln
2 gestr. TL Salz

1 Bund Majoran
30 ml Pflanzenöl
1 TL Paprikapulver edelsüß
1 TL bunter geschroteter Pfeffer

Für die Soja-Kräuter-Creme:
1 kleines Bund glatte Petersilie
1 kleines Bund Koriander
150 g Speisequark (40 % Fett)
350 g Delikatess-Mayonnaise
2 EL Sojasauce
gem. Pfeffer

Außerdem:
16 Grillspieße (etwa 25 cm lang,
z. B. Bambusspieße, über Nacht in
Wasser eingelegt)

1. Die Kartoffeln gründlich waschen bzw. abbürsten und längs vierteln. Wasser in einem Topf zugedeckt zum Kochen bringen. Salz und Kartoffelviertel hinzugeben. Die Kartoffelviertel in 10–12 Minuten bissfest garen. Dann die Kartoffeln in einen Sieb abgießen, abtropfen und erkalten lassen.

2. Majoran abspülen, trocken tupfen und die Blättchen von den Stängeln zupfen. Einige Blättchen zum Garnieren beiseitelegen. Restliche Blättchen klein schneiden.

3. Die Kartoffelviertel in eine große Schüssel geben, mit Pflanzenöl, Paprikapulver, Pfeffer, Majoran und Salz vermischen. Die Kartoffelviertel etwa 15 Minuten durchziehen lassen.

4. Inzwischen für die Soja-Kräuter-Creme Petersilie und Koriander abspülen, trocken tupfen und die Blättchen von den Stängeln zupfen. Die Blättchen fein schneiden.

5. Quark und Mayonnaise in einer Schüssel verrühren. Kräuter und Sojasauce unterrühren, nach Belieben das Ganze pürieren. Die Creme mit Pfeffer und evtl. etwas Salz abschmecken.

6. Jeweils etwa 8 Kartoffelviertel auf 2 Spieße stecken. Die Spieße auf dem gefetteten Grillrost des heißen Grills bei nicht zu starker Hitze 10–20 Minuten grillen, dabei die Spieße gelegentlich wenden.

7. Die Kartoffel-Wedges-Spieße mit der Creme servieren.

Zubereitungszeit: 40 Minuten, ohne Abkühl- und Durchziehzeit | Grillzeit: 10–20 Minuten |
8 Spieße | Pro Spieß: E: 8 g, F: 42 g, Kh: 41 g, kJ: 2447, kcal: 585, BE: 3,5

MANGOLDRÖLLCHEN
MIT RÄUCHERTOFU

30 Mangoldblätter mit Stielen
(etwa 700 g)
Salzwasser

je 3 rote und gelbe Paprikaschoten
(etwa 900 g)

900 g Räuchertofu
3 EL Sojasauce

Salz
gem. Pfeffer
1 TL Paprikapulver edelsüß
½ TL gem. Kümmel
Saft von 1 Zitrone

100 ml Pflanzenöl

Außerdem:
2 Edelstahl-Grillschalen
(ohne Löcher)

1. Mangold putzen. Die Stiele am Blattansatz abschneiden. Mangoldblätter und -stiele getrennt voneinander abspülen und abtropfen lassen. Mangoldstiele abziehen und fein würfeln.

2. Das Salzwasser zugedeckt zum Kochen bringen. Die Mangoldblätter darin portionsweise 1–2 Minuten blanchieren, dann abtropfen lassen. Die Blätter nebeneinander auf einer mit Geschirrtüchern ausgelegten Arbeitsfläche ausbreiten.

3. Paprikaschoten halbieren, entstielen, entkernen und die weißen Scheidewände entfernen. Paprika abspülen, abtropfen lassen und fein würfeln.

4. Räuchertofu in dicke Stifte schneiden und mit der Sojasauce vermengen.

5. Die Mangoldblätter mit ein wenig Salz und Pfeffer bestreuen. Die Tofustifte in 6 Portionen zu je 150 g aufteilen. Jeweils 1 Tofuportion mittig auf die Mangoldblätter geben. Die Seiten der Mangoldblätter auf die Füllung legen und das Ganze fest aufrollen, sodass Röllchen entstehen.

6. Das Pflanzenöl in den Grillschalen verteilen. Die Grillschalen auf den Rost des heißen Grills stellen. In einer Grillschale die Paprika- und Mangoldwürfel etwa 15 Minuten grillen, dabei gelegentlich umrühren.

7. Gleichzeitig die Röllchen in die zweite Grillschale setzen. Die Mangoldröllchen bei nicht zu starker Hitze 10–15 Minuten rundherum grillen.

8. Zum Servieren das Gemüse mit Paprika, Kümmel, Zitronensaft, Salz und Pfeffer abschmecken, zu den Mangoldröllchen reichen.

Zubereitungszeit: 45 Minuten | Grillzeit: 10–15 Minuten |
6 Portionen | Pro Portion: E: 37 g, F: 36 g, Kh: 11 g, kJ: 2245, kcal: 540, BE: 1,0

GEMÜSESPIESSE

Für die Gemüsespieße:
2 Maiskolben (vorgegart, vakuumverpackt)
1 Zucchini (etwa 250 g)
je 1 gelbe und rote Paprikaschote (etwa 400 g)
200 g Cocktailtomaten

Für die Limetten-Sauce:
1 Knoblauchzehe
2 ½ EL Limettensaft
Salz
gem. Pfeffer
6 EL Olivenöl

Außerdem:
8 Grillspieße (20–25 cm lang, z. B. Bambusspieße, über Nacht in Wasser eingelegt)
2 Edelstahl-Grillschalen (ohne Löcher)

1. Für die Gemüsespieße die Maiskolben in etwa 2 cm dicke Scheiben schneiden. Zucchini abspülen, abtrocknen und die Enden abschneiden. Zucchini in etwa 2 cm dicke Scheiben schneiden.

2. Paprikaschoten halbieren, entstielen, entkernen und die weißen Scheidewände entfernen. Schoten abspülen, abtropfen lassen und in mundgerechte Stücke schneiden. Tomaten abspülen, abtrocknen und nach Belieben die Stängelansätze herausschneiden.

3. Das vorbereitete Gemüse abwechselnd auf die Spieße stecken.

4. Für die Sauce Knoblauch abziehen und fein hacken. Limettensaft mit Knoblauch, Salz und Pfeffer würzen. Öl unterschlagen.

5. Die Gemüsespieße mit der Limetten-Sauce rundherum bestreichen und in die Grillschalen (gefettet) legen. Die Grillschalen auf den Grillrost des heißen Grills stellen. Die Gemüsespieße 8–10 Minuten grillen, dabei mehrmals die Spieße wenden.

Zubereitungszeit: 25 Minuten | Grillzeit: 8–10 Minuten |
4 Portionen | Pro Portion: E: 4 g, F: 4 g, Kh: 13 g, kJ: 475, kcal: 114, BE: 1,0

TIPP Bambusspieße sind einfach und preiswert, sollten aber etwa 1 Stunde vor der Verwendung in Wasser eingeweicht werden, damit die Spieße beim Grillen nicht anbrennen.

HUMMUS IM BANANENBLATT

Für den Salat:
500 g Tomaten
1–2 Salatgurken
1–2 Bund glatte Petersilie
1 TL Essigbaumgewürz (in türk. Lebensmittelläden erhältlich)
50 ml Weißweinessig
Salz
gem. Pfeffer
1 Prise Zucker
100 ml Olivenöl

Für den Hummus im Bananenblatt:
1 Bund glatte Petersilie
3 Knoblauchzehen
3 Dosen Kichererbsen
(1,2 kg mit Fond)
450 g Sesampaste
½ TL gem. Kreuzkümmel
½ TL Paprikapulver edelsüß
Salz
gem. Pfeffer
Saft von 1 Limette

3 ganze Bananenblätter

etwas Olivenöl zum Einstreichen

Außerdem:
Küchengarn
2–3 Edelstahl-Grillschalen

1. Für den Salat Tomaten und Gurken abspülen und abtropfen lassen. Die Tomaten in Stücke schneiden, dabei die Stängelansätze herausschneiden. Die Gurken längs vierteln und ebenfalls in kleine Stücke schneiden. Petersilie abspülen, trocken tupfen und die Blättchen von den Stängeln zupfen. Die Blättchen fein schneiden.

2. Essigbaumgewürz mit Weinessig verrühren, mit Salz, Pfeffer und Zucker würzen, Olivenöl unterschlagen. Dressing mit Tomaten-, Gurkenstücken und Petersilie vermischen. Salat zugedeckt etwa 40 Minuten ziehen lassen.

3. Inzwischen für den Hummus Petersilie abspülen, trocken tupfen und etwas kleiner zupfen. Knoblauch abziehen. Die Kichererbsen mit dem Fond, Sesampaste, Petersilie und Knoblauch zu einer glatten Masse pürieren, mit Kreuzkümmel, Paprikapulver, Salz, Pfeffer und Limettensaft pikant abschmecken.

4. Die Bananenblätter an der Rispe längs halbieren. Dann die Bananenblätter in 30 etwa 15 x 15 cm große Stücke schneiden, kurz in kochendem Wasser blanchieren, abtropfen lassen. Auf jedes Bananenblattstück mittig einen gehäuften Esslöffel Hummus geben, die Blätter jeweils zu Päckchen zusammenfalten und mit Küchengarn zusammenbinden.

5. Die Päckchen mit Olivenöl einstreichen und nebeneinander in die Grillschalen setzen. Die Grillschalen auf den Grillrost des heißen Grills stellen. Die gefüllten Päckchen 10–15 Minuten grillen, dabei einmal wenden. Zum Servieren die Bananenblatt-päckchen öffnen, den Hummus herauslöffeln und den Tomaten-Gurken-Salat dazureichen.

Zubereitungszeit: 1 ¼ Stunden | Grillzeit: 10–15 Minuten |
6 Portionen (30 Päckchen) | Pro Portion: 28 g, F: 62 g, Kh: 40 g, kJ: 3554, kcal: 855, BE: 3,0

TIPP   Die Bananenblätter dienen als Grillhülle und werden nicht mitgegessen.

PIKANTE MANGO-TOMATEN-TASCHEN

1 Mango (etwa 250 g)
4 Tomaten (etwa 320 g)
2 milde Chilischoten
1 Bund Zitronen-Basilikum
120 g abgespülter,
abgetropfter Gemüsemais
(aus der Dose)

2 EL Pflanzenöl

Salz
gem. Pfeffer
4 EL süße Chilisauce
200 g ger. Mozzarella

6 Pita-Taschen (400 g, Weizen-
Brottaschen zum Füllen)

Außerdem:
2 Edelstahl-Grillschalen
(ohne Löcher)

1. Das Fruchtfleisch der Mango vom Stein schneiden, schälen und würfeln. Tomaten abspülen, abtrocknen, halbieren, entkernen und dabei die Stängelansätze herausschneiden. Tomaten würfeln.

2. Chilischoten entstielen, entkernen, abspülen, trocken tupfen und in dünne Ringe schneiden. Basilikum abspülen und trocken tupfen. Blättchen von den Stängeln zupfen und fein schneiden.

3. Mango- und Tomatenwürfel mit Chiliringen, Mais und Basilikum in der Grillschale vermischen. Das Ganze mit dem Pflanzenöl beträufeln.

4. Die Grillschalen auf den Grillrost des heißen Grills stellen. Die Mango-Gemüse-Mischung etwa 10 Minuten grillen, dabei gelegentlich umrühren. Dann das Ganze mit Salz, Pfeffer und Chilisauce würzen. Mozzarella unterrühren und die aufgeschnittenen Pita-Taschen damit füllen.

5. Die Pita-Taschen auf den gefetteten Grillrost des heißen Grills setzen und 3–5 Minuten grillen.

Zubereitungszeit: 30 Minuten | Grillzeit: etwa 15 Minuten |
6 Portionen | Pro Portion: E: 13 g, F: 13 g, Kh: 47 g, kJ: 1510, kcal: 361, BE: 4,0

TIPP

Die Grillschalen verhindern, dass Fett in die Glut tropfen kann und sich der evtl. dadurch aufsteigende, gesundheitsschädliche Rauch an der Oberfläche des Grillguts festsetzt.

KARTOFFELSPIESSE
MIT GEMÜSE-VINAIGRETTE

etwa 30 kleine, neue Kartoffeln
(etwa 1 ½ kg)
1 TL Salz
1 TL Kümmelsamen

Für die Gemüse-Vinaigrette:
400 g Staudensellerie
3 Frühlingszwiebeln (etwa 60 g)
4 Fleischtomaten (etwa 400 g)
1 kleines Bund gatte Petersilie
1 EL mittelscharfer Senf
80 ml Essig (z. B. Balsamico-Essig)
120 ml Pflanzenöl
gem. Pfeffer

Außerdem:
12 Grillspieße (etwa 25 cm lang,
z. B. Bambusspieße, über Nacht in
Wasser eingelegt)

1. Die Kartoffeln gründlich waschen bzw. abbürsten. Wasser in einem Topf zugedeckt zum Kochen bringen. Salz, Kümmel und Kartoffeln hinzugeben. Die Kartoffeln in 10−15 Minuten bissfest garen. Dann die Kartoffeln abgießen und erkalten lassen.

2. Inzwischen für die Gemüse-Vinaigrette Staudensellerie putzen. Frühlingszwiebeln putzen, dabei etwa zwei Drittel des Grüns entfernen. Sellerie und Frühlingszwiebeln abspülen, abtropfen lassen und in feine Scheiben schneiden.

3. Tomaten abspülen, abtrocknen, halbieren und die Stängelansätze herausschneiden. Tomaten fein würfeln.

4. Petersilie abspülen und trocken tupfen. Die Blättchen von den Stängeln zupfen, klein schneiden, mit den Sellerie-, Frühlingszwiebelscheiben und Tomatenwürfeln vermischen.

5. Senf mit Essig verrühren. Pflanzenöl unterschlagen. Die Vinaigrette mit Salz und Pfeffer würzen, mit dem Gemüse vermischen.

6. Jeweils 5 vorgegarte Kartoffeln auf 2 Spieße stecken und nebeneinander in eine flache Form legen. Die Vinaigrette auf den Kartoffelspießen verteilen. Die Spieße zugedeckt im Kühlschrank etwa 1 ½ Stunden durchziehen lassen.

7. Die Spieße aus der Vinaigrette nehmen. Anhaftende Gemüsestücke abstreifen und die Spieße auf dem gefetteten Grillrost des heißen Grills etwa 14 Minuten grillen. Dabei die Spieße nach etwa 7 Minuten einmal wenden.

8. Die Spieße evtl. mit Salz und Pfeffer nachwürzen, mit der Vinaigrette servieren.

Zubereitungszeit: etwa 40 Minuten, ohne Abkühlzeit | Durchziehzeit: etwa 1 ½ Stunden | Grillzeit: etwa 14 Minuten | 6 Spieße | Pro Spieß: E: 6 g, F: 20 g, Kh: 45 g, kJ: 1700, kcal: 407, BE: 3,5

FETAKÄSE-GEMÜSE-SPIESSE

150 g Fetakäsewürfel in Öl
(aus dem Glas,
etwa 36 Fetakäsewürfel)

24 Cocktailtomaten
24 mittelgroße Champignons
2 dünne Zucchini
Salz
gem. Pfeffer

Außerdem:

12 Spieße (etwa 20 cm lang, z. B.
Bambusspieße, oder Metallspieße)
2 Edelstahl-Grillschalen
(ohne Löcher)

1. Die Käsewürfel in einem Sieb abtropfen lassen, dabei 2–3 Esslöffel vom Öl auffangen.

2. Tomaten abspülen, abtrocknen und evtl. die Stängelansätze herausschneiden. Champignons putzen, dafür den Stiel knapp unter den Pilzen abschneiden. Pilze evtl. kurz abspülen und trocken tupfen.

3. Zucchini abspülen, abtrocknen und die Enden abschneiden. Zucchini z. B. mithilfe eines Sparschälers längs in etwa 36 sehr dünne Scheiben schneiden.

4. Die Käsewürfel mit je 1 Zucchinischeibe umwickeln. Jeweils 2 Cocktailtomaten, 2 Champignons und 3 Zucchini-Käsepäckchen abwechselnd auf die Spieße stecken. Die Spieße mit dem aufgefangenen Öl des Fetakäses bestreichen.

5. Die Spieße mit etwas Salz und Pfeffer würzen, nebeneinander in die Grillschalen (gefettet) legen.

6. Die Grillschalen auf den Grillrost des heißen Grills stellen. Die Spieße 6–8 Minuten bei nicht zu starker Hitze grillen, dabei die Spieße zwischendurch wenden und evtl. nochmals mit etwas Öl bestreichen.

Zubereitungszeit: 45 Minuten | Grillzeit: 6–8 Minuten |
12 Spieße | Pro Spieß: E: 8 g, F: 8 g, Kh: 2 g, kJ: 448, kcal: 107, BE: 0,0

 TIPP Zu den Spießen frisches Fladenbrot reichen.

AVOCADOS
MIT OLIVEN-TOMATEN-FÜLLUNG

1 Limette
4 Avocados
5–6 EL Olivenöl
Salz
gem. Pfeffer
4 kleine Tomaten (etwa 300 g)
60 g abgetropfte, entsteinte
schwarze Oliven
60 g abgetropfte, entsteinte
grüne Oliven
1 Knoblauchzehe
3–4 Stängel Thymian

Außerdem:
2 Edelstahl-Grillschalen
(ohne Löcher)
evtl. Alufolie

1. Die Limette halbieren und auspressen. Die Avocados längs halbieren. Jeweils die beiden Hälften mit den Händen gegeneinander drehen. Die Steine entfernen. Das Fruchtfleisch der Avocadohälften zuerst mit dem Limettensaft bestreichen und dann mit etwas vom Öl rundherum einstreichen, mit Salz und Pfeffer würzen.

2. Die Tomaten abspülen, abtrocknen, vierteln und dabei die Stängelansätze herausschneiden. Tomatenviertel entkernen und fein würfeln. Die schwarzen und grünen Oliven fein würfeln.

3. Knoblauch abziehen und durch eine Knoblauchpresse drücken. Thymian abspülen, trocken tupfen und die Blättchen von den Stängeln zupfen. Die Blättchen klein schneiden.

4. Tomaten- und Olivenwürfel mit Knoblauch und Thymian vermischen, restliches Öl unterrühren, mit Salz und Pfeffer würzen.

5. Die Grillschalen (gefettet) auf den Grillrost des heißen Grills stellen. Die vorbereiteten Avocadohälften jeweils mit den Schnittflächen nach unten darauf verteilen. Die Avocadohälften 10–15 Minuten grillen, dann die Avocadohälften z. B. mit einer Grillzange wenden.

6. Die Oliven-Tomaten-Füllung in den Avocadohälften verteilen und dabei den Grill, wenn möglich, für einige Minuten schließen oder die Grillschale mit Alufolie locker zudecken. Die Avocadohälften weitere 5–10 Minuten grillen.

Zubereitungszeit: 20 Minuten | Grillzeit: 15–25 Minuten |
4 Portionen | Pro Portion: E: 5 g, F: 64 g, Kh: 4 g, kJ: 2676, kcal: 639, BE: 0,0

TIPP Reichen Sie dazu Baguettescheiben mit Knoblauchbutter bestrichen.

33

ROTE-BETE-SPIESSE
MIT KRÄUTER-KÜMMEL-QUARK

12 gleich große Knollen Rote Bete
(etwa 1 kg, vorgegart,
vakuumverpackt)
Salz
gem. Pfeffer
gem. Kümmel
etwas Pflanzenöl zum Einstreichen

Für den Kräuter-Kümmel-Quark:
1 kleines Bund glatte Petersilie
10–15 Kapuzinerkresse-Blätter
500 g Speisequark (40 % Fett)
Salz
gem. Pfeffer
1 TL Kümmelsamen

Für das Knoblauchbrot:
3 Knoblauchzehen
2 EL Pflanzenöl
1 kleines Bauernbrot (etwa 500 g)

Außerdem:
12 Grillspieße (etwa 25 cm lang,
z. B. Bambusspieße,
über Nacht in Wasser eingelegt)

1. Rote-Bete-Knollen mit Küchenpapier trocken tupfen und halbieren. Jeweils 4 Rote-Bete-Hälften auf 2 Spieße stecken, mit Salz, Pfeffer und Kümmel würzen.

2. Die Spieße mit etwas Pflanzenöl einstreichen und nebeneinander in eine flache Form legen.

3. Für den Kräuter-Kümmel-Quark Petersilie und Kapuzinerkresse abspülen und mit Küchenpapier trocken tupfen. Die Petersilienblättchen von den Stängeln zupfen. Kapuzinerkresse und Petersilienblättchen fein schneiden, mit dem Quark verrühren. Den Quark mit Salz, Pfeffer und Kümmel abschmecken.

4. Für das Knoblauchbrot Knoblauch abziehen, fein hacken oder durch eine Presse drücken und mit dem Öl vermischen. Das Brot in etwa 2 cm dicke Scheiben schneiden und mit dem Knoblauch-Öl einstreichen.

5. Die Spieße auf dem gefetteten Grillrost bei nicht zu starker Grillhitze etwa 15 Minuten grillen, dabei gelegentlich wenden. Die bestrichenen Knoblauchbrotscheiben ebenfalls von beiden Seiten kurz knusprig grillen.

6. Die Rote-Bete-Spieße mit dem Kräuter-Kümmel-Quark und den gerösteten Brotscheiben servieren.

Zubereitungszeit: 40 Minuten | Grillzeit: etwa 15 Minuten |
6 Spieße | Pro Spieß: E: 18 g, F: 17 g, Kh: 57 g, kJ: 1953, kcal: 464, BE: 4,5

 **TIPP** Die Spieße zum Servieren mit grob gemahlenem Pfeffer bestreuen.

PILZSPIESSE
MIT SOJA-WASABI-DIP (TITELREZEPT)

600–800 g Austernpilze
600–800 g braune Champignons
je 1 rote und gelbe Paprikaschote

etwa 100 ml Pflanzenöl
zum Bestreichen
Salz
gem. Pfeffer

Für den Soja-Wasabi-Dip:
120 g Cashewkerne oder
Erdnusskerne
1 TL Wasabipaste
200 ml Sojasauce

Außerdem:
8 Grillspieße (etwa 30 cm lang,
z. B. Bambusspieße,
über Nacht in Wasser eingelegt)

1. Die Pilze putzen, evtl. kurz abspülen und trocken tupfen. Austernpilze in Stücke schneiden. Champignons halbieren.

2. Die Paprikaschoten halbieren, entstielen, entkernen und die weißen Scheidewände entfernen. Schoten abspülen, abtropfen lassen und in mundgerechte Stücke schneiden.

3. Beide Pilzsorten und die Paprikastücke abwechselnd auf die Spieße stecken. Die Pilzspieße mit Pflanzenöl einstreichen, mit Salz und Pfeffer würzen. Die Spieße nebeneinander auf ein Backblech oder in eine große, flache Form legen.

4. Für den Soja-Wasabi-Dip die Cashew- oder Erdnusskerne grob hacken und in einer Pfanne ohne Fett unter Rühren anrösten.

5. Die Wasabipaste mit der Sojasauce verrühren, die Nussstücke unterrühren. Die Pilzspieße mit etwas von dem Soja-Wasabi-Dip einstreichen.

6. Die Pilzspieße auf dem gefetteten Grillrost des heißen Grills 5–10 Minuten grillen, dabei die Spieße einmal wenden.

7. Die gegrillten Pilzspieße mit dem restlichen Dip servieren.

Zubereitungszeit: etwa 25 Minuten | Grillzeit: 5–10 Minuten |
8 Spieße | Pro Spieß: E: 13 g, F: 10 g, Kh: 10 g, kJ: 821, kcal: 196, BE: 1,0

TIPPS

Die Spieße statt auf dem Grillrost auf einer gefetteten Grillplatte grillen. Zum Servieren die Spieße mit etwas Thymian garnieren.

GEMÜSE-KARTOFFEL-SPIESSE

Für die Spieße:
etwa 1 ¼ kg kleine Kartoffeln
(36 Stück)
½ TL Salz
1–2 dünne Zucchini (etwa 225 g)
6 Frühlingszwiebeln
12 Cocktailtomaten

etwa 65 ml Olivenöl

Für den Frühlingszwiebelquark:
375 g Magerquark
50 g Frischkäse mit Kräutern
50 ml Mineralwasser
3 Knoblauchzehen
gem. Pfeffer
½ rote Paprikaschote
½ Bund Frühlingszwiebeln

1 TL gerebelter Rosmarin
1 TL gerebelter Thymian

Außerdem:
12 Spieße (etwa 20 cm lang,
z. B. Bambusspieße, über Nacht
in Wasser eingelegt, oder
Metallspieße)

1. Für die Spieße die Kartoffeln gründlich waschen, evtl. abbürsten und knapp mit Wasser bedeckt zum Kochen bringen. Salz hinzugeben und die Kartoffeln zugedeckt 10–15 Minuten kochen lassen. Die Kartoffeln abgießen und abdämpfen.

2. Zucchini abspülen, abtrocknen und die Enden abschneiden. Die Zucchini in etwa 1 cm dünne Scheiben schneiden. Die Frühlingszwiebeln putzen, abspülen, abtropfen lassen und das Grün bis auf etwa 15 cm abschneiden. Die Frühlingszwiebeln in je 4 Stücke schneiden. Die Tomaten abspülen, abtropfen lassen, halbieren und evtl. die Stängelansätze herausschneiden.

3. Jeweils 3 Kartoffeln abwechselnd mit 2 Frühlingszwiebelstücken, 2 Tomaten und 2–3 Zucchinischeiben auf die Spieße stecken. Die Spieße dünn mit dem Öl einstreichen.

4. Für den Frühlingszwiebelquark Quark mit Frischkäse und Mineralwasser in einer Schüssel glatt rühren. Knoblauch abziehen und durch eine Knoblauchpresse zum Quark hinzudrücken. Quark mit Salz und Pfeffer abschmecken. Die Paprikahälfte entstielen, entkernen und die weißen Scheidewände entfernen. Die Schote abspülen, abtropfen lassen und fein würfeln. Die Frühlingszwiebeln putzen, abspülen, abtropfen lassen und in feine Scheiben schneiden. Paprikawürfel und Frühlingszwiebelscheiben unter den Quark geben und unterrühren.

5. Die Spieße mit etwas Salz würzen, auf den gefetteten Grillrost des heißen Grills legen und etwa 10 Minuten grillen, dabei die Spieße 1–2-mal wenden. Kurz vor Ende der Grillzeit das restliche Öl mit Rosmarin, Thymian und etwas Salz verrühren, die Spieße damit bestreichen und noch kurz weitergrillen.

Zubereitungszeit: 45 Minuten | Garzeit: 10–15 Minuten | Grillzeit: etwa 10 Minuten |
12 Spieße | Pro Spieß: E: 8 g, F: 6 g, Kh: 21 g, kJ: 706, kcal: 168, BE: 1,5

TIPP Die Spieße evtl. zum Grillen in leicht gefetteten Grillschalen auf den Grillrost stellen.

SPIESSDUETT
VON FRÜHLINGSZWIEBELN UND KARTOFFELN

800 g kleine festkochende Kartoffeln

4 Bund rote Frühlingszwiebeln
(etwa 1 kg)
3 Knoblauchzehen
etwa 100 ml Pflanzenöl
Salz
gem. Pfeffer
1 TL Szechuan-Pfeffer

480 g abgetropfte,
eingelegte Tomaten in Öl

Außerdem:
8 lange (etwa 30 cm lang) und
8 kurze (etwa 20 cm lang) Grillspieße
(z. B. Bambusspieße, über Nacht in
Wasser eingelegt)

1. Für die Kartoffelspieße die Kartoffeln gründlich waschen bzw. abbürsten. Wasser in einem Topf zugedeckt zum Kochen bringen. Kartoffeln hinzugeben. Die Kartoffeln in etwa 10 Minuten bissfest garen. Dann die Kartoffeln abgießen und etwa 15 Minuten erkalten lassen.

2. Inzwischen die Frühlingszwiebeln putzen, dabei etwa zwei Drittel des Grüns entfernen. Frühlingszwiebeln abspülen, abtropfen lassen und längs halbieren. Die Zwiebelhälften auf den langen Spießen gleichmäßig verteilen. Die Zwiebelspieße in eine flache Form legen.

3. Knoblauch abziehen und fein hacken. Die Zwiebelspieße mit etwas vom Pflanzenöl einstreichen, mit Salz, Pfeffer, Szechuan-Pfeffer und etwas Knoblauch würzen.

4. Die Kartoffeln längs halbieren und gleichmäßig auf den kürzeren Spießen verteilen. Die Kartoffelspieße ebenfalls mit dem Pflanzenöl einstreichen, mit Salz, Pfeffer und restlichem Knoblauch würzen.

5. Die abgetropften Tomaten evtl. mit Küchenpapier trocken tupfen.

6. Die Kartoffel- und die Zwiebelspieße mit den Tomaten auf den gefetteten Grillrost des heißen Grills legen, etwa 15 Minuten grillen, dabei gelegentlich wenden.

Zubereitungszeit: 40 Minuten | Grillzeit: etwa 15 Minuten |
8 Portionen | Pro Portion: E: 3 g, F: 12 g, Kh: 26 g, kJ: 1008, kcal: 241, BE: 1,5

SANFT MARINIERT & RAFFINIERT GEWÜRZT
DIESE VORBEREITUNG ZERGEHT AUF DER ZUNGE

SÜSSKARTOFFELN
MIT KRÄUTER-GEMÜSE-DIP

Für den Kräuter-Gemüse-Dip:
350 g Zucchini
1 gelbe Paprikaschote (etwa 200 g)
300 g Fleischtomaten
3 Knoblauchzehen
200 ml Olivenöl
50 g TK-Kräuter der Provence
4 EL heller Balsamico-Essig
Salz
gem. Pfeffer

2 kg Süßkartoffeln
Salzwasser
2 Knoblauchzehen
1 TL rosa Pfefferbeeren
1 TL grob zerstoßener
Szechuan-Pfeffer
5 EL Olivenöl

Außerdem:
evtl. 2 Edelstahl-Grillschalen
(ohne Löcher)

1. Für den Dip Zucchini abspülen, abtrocknen und die Enden abschneiden. Paprikaschote halbieren, entstielen, entkernen und die weißen Scheidewände herausschneiden. Schote abspülen und abtropfen lassen. Tomaten abspülen, abtrocknen, vierteln und dabei die Stängelansätze herausschneiden. Das Gemüse in Stücke schneiden und grob pürieren (es soll kein Mus entstehen).

2. Knoblauch abziehen, durch eine Knoblauchpresse zum Gemüsepüree hinzudrücken. Olivenöl, TK-Kräuter und Essig unterrühren. Dip mit Salz und Pfeffer abschmecken, zugedeckt in den Kühlschrank stellen.

3. Süßkartoffeln gründlich waschen bzw. abbürsten, abtropfen lassen und mit Küchenpapier trocken tupfen. Kleinere Kartoffeln in 1–2 cm dicke Scheiben schneiden. Größere Kartoffeln zunächst längs halbieren und dann in 1–2 cm dicke Scheiben schneiden.

4. Salzwasser in einem Topf zugedeckt zum Kochen bringen. Die Kartoffelscheiben darin evtl. portionsweise etwa 5 Minuten garen. Die Kartoffelscheiben in ein Sieb abgießen, mit kaltem Wasser abspülen und abtropfen lassen.

5. Knoblauch abziehen, fein würfeln und mit den Pfefferbeeren und dem Szechuan-Pfeffer vermischen. Die Süßkartoffelscheiben z. B. auf einem Backblech mit dem Öl vermischen, mit Salz und der Knoblauch-Pfeffer-Mischung würzen.

6. Die Kartoffelscheiben evtl. in Grillschalen (gefettet) auf den Rost des heißen Grills stellen. Oder die Kartoffelscheiben direkt auf dem gefetteten Grillrost des heißen Grills grillen, bis die Süßkartoffelscheiben die gewünschte Bräune erreicht haben. Dabei die Scheiben einmal wenden.

7. Den Dip nochmals durchrühren und abschmecken, mit den Süßkartoffelscheiben servieren.

Zubereitungszeit: 60 Minuten | Grillzeit: etwa 10 Minuten |
6–8 Portionen | Pro Portion: E: 7 g, F: 38 g, Kh: 75 g, kJ: 2896, kcal: 691, BE: 6,0

ZUCCHINI-FÄCHER MIT BUTTERKÄSE

2 EL Pistazienkerne
2 EL Semmelbrösel
1 Zweig Rosmarin
4 EL ger. Butterkäse
Salz
gem. bunter Pfeffer

4 kleine Zucchini
(je etwa 15 cm lang, 100–120 g)

4 EL Olivenöl

Außerdem:
evtl. Alufolie

1. Die Pistazienkerne grob hacken und in einer Pfanne ohne Fett unter Rühren anrösten. Dann die Pistazienkerne aus der Pfanne nehmen. Die Semmelbrösel in der Pfanne ebenfalls unter Rühren anrösten.

2. Rosmarin abspülen und trocken tupfen. Die Nadeln von dem Zweig zupfen. Die Nadeln fein schneiden, mit Semmelbröseln, geriebenem Käse und Pistazienkernen in einer Schüssel vermengen. Die Brösel-Käse-Mischung mit Salz und Pfeffer würzen.

3. Zucchini abspülen, abtrocknen und mit einem scharfen Messer die Zucchini längs in etwa 5 mm dicke Scheiben schneiden, dabei die Stielansätze nicht durchschneiden.

4. Zucchini auffächern und auf dem gefetteten Grillrost des heißen Grills bei mittlerer Hitze insgesamt 10–12 Minuten grillen. Dabei die Fächer einmal behutsam wenden, mit Salz und Pfeffer würzen. Darauf achten, dass die Zucchini nach dem Wenden immer noch aufgefächert auf dem Grillrost liegen (die Fächer sollen dabei nicht zu weit aufgespreizt werden, es soll noch eine geschlossene Oberfläche bestehen, damit der Käse später nicht in die Glut tropft).

5. Brösel-Käse-Mischung auf den Zucchinifächern verteilen und mit Olivenöl beträufeln. Brösel-Käse-Mischung schmelzen lassen, dabei den Grill, wenn möglich, für einige Minuten schließen oder die Fächer evtl. mit Alufolie locker zudecken.

Zubereitungszeit: 20 Minuten | Grillzeit: 10–12 Minuten |
4 Portionen | Pro Portion: E: 7 g, F: 17 g, Kh: 8 g, kJ: 875, kcal: 209, BE: 0,5

 **TIPP** Statt der Pistazienkerne können Pinienkerne oder verschiedene gehackte, geröstete Nusskerne verwendet werden.

MARINIERTES ASIA-GEMÜSE

25 g getrocknete Mu-err-Pilze
etwa 625 g frisches Ananasfruchtfleisch (ohne Strunk und Schale)
1 Bund Koriander oder
glatte Petersilie

320 g abgetropfte Sojabohnenkeimlinge (aus Gläsern)
350 g abgetropfte Bambussprossen
(aus Gläsern)
220 g abgetropfte Mini-Maiskolben
(aus Gläsern)

50 ml Sojasauce
300 ml süßsaure Sauce

Salz
gem. Pfeffer

Außerdem:
2 Edelstahl-Grillschalen
(ohne Löcher)

1. Getrocknete Mu-err-Pilze in eine Schüssel geben. So viel kaltes Wasser hinzugießen, dass die Pilze bedeckt sind. Die Pilze etwa 30 Minuten weichen lassen.

2. Inzwischen das Ananasfruchtfleisch in mundgerechte Stücke schneiden. Koriander oder Petersilie abspülen, trocken tupfen und die Blättchen von den Stängeln zupfen. Einige Blättchen zum Garnieren beiseitelegen. Die restlichen Blättchen fein schneiden.

3. Die eingeweichten Pilze in einem Sieb abtropfen lassen und in kleine Stücke schneiden.

4. Ananas- und Pilzstücke mit den Sojabohnenkeimlingen, Bambussprossen, Mini-Maiskolben und Koriander oder Petersilie in eine große Schüssel geben. Sojasauce und süßsaure Sauce unterrühren, mit Salz und Pfeffer würzen. Das Ganze zugedeckt 30–40 Minuten durchziehen lassen.

5. Danach die Mischung mit einem Schaumlöffel aus der Marinade nehmen und in Grillschalen verteilen. Die Grillschalen auf den Grillrost des heißen Grills stellen. Das Asia-Gemüse unter gelegentlichem Rühren etwa 20 Minuten grillen. Dann die restliche Marinade unter das Asia-Gemüse rühren und das Gemüse weitere etwa 10 Minuten grillen.

6. Das Asia-Gemüse mit den beiseitegelegten Koriander- oder Petersilienblättchen garnieren und mit Kroepoek servieren.

Zubereitungszeit: 25 Minuten, ohne Einweichzeit | Marinierzeit: 30–40 Minuten | Grillzeit: etwa 30 Minuten | 6 Portionen | Pro Portion: E: 7 g, F: 1 g, Kh: 35 g, kJ: 939, kcal: 224, BE: 3,0

TIPPS Servieren Sie etwa 75 g ausgebackenes Kroepoek dazu. Möchten Sie frische Sojabohnenkeimlinge verwenden, dann planen Sie pro Portion etwa 100 g ein. Die Keimlinge verlesen, abspülen, abtropfen lassen und in kochendem Salzwasser etwa 10 Minuten garen. Dann die Keimlinge in einem Sieb abtropfen lassen.

COUSCOUS-SCHNITTEN
MIT LINSEN-GEMÜSE-SAUCE

550 g Couscous
Gemüsebrühe
(nach Packungsanleitung)

1 l Gemüsebrühe
200 g Maismehl

Saft von 3 Limetten
1 TL gem. Koriander
½ TL gem. Kreuzkümmel
Salz

Für die Linsen-Gemüse-Sauce:
200 g Linsen (Tellerlinsen)
1 rote Paprikaschote
(etwa 200 g)
200 g Zucchini
250 g Frühlingszwiebeln
140 g Tomaten in Stücken
(aus der Dose)
500 ml Gemüsebrühe
2 Knoblauchzehen
3 EL Olivenöl
½ TL gem. Koriander
½ TL Harissa-Gewürzmischung
gem. Pfeffer

etwa 100 ml Pflanzenöl zum
Bestreichen

Außerdem:
1 große, flache Form
(2–3 l Inhalt)
2 Edelstahl-Grillschalen
(ohne Löcher)

1. Couscous nach Packungsanleitung mit Brühe (die auf der Packung angegebene Flüssigkeitsmenge verwenden) zubereiten.

2. Gemüsebrühe zum Kochen bringen. Maismehl mit etwas kaltem Wasser anrühren, in die Brühe einrühren, kurz unter Rühren aufkochen. Dann den Maisbrei abkühlen lassen.

3. Gequollenen Couscous in den Maisbrei einarbeiten, mit Limettensaft, Koriander, Kreuzkümmel und Salz würzen. Couscous-Masse in der Form (gefettet) verstreichen. Die Masse sollte 2 ½-3 cm hoch in der Form stehen. Die Form zugedeckt etwa 1 Stunde in den Kühlschrank stellen.

4. Inzwischen für die Sauce Linsen mit kaltem Wasser bedeckt etwa 20 Minuten stehen lassen. Paprika halbieren, entstielen, entkernen, die weißen Scheidewände entfernen. Schote abspülen, abtropfen lassen und würfeln. Zucchini abspülen, abtrocknen. Die Enden abschneiden. Zucchini würfeln. Frühlingszwiebeln putzen, abspülen, abtropfen lassen, in etwa 1 cm breite Stücke schneiden. Knoblauch abziehen und in Scheiben schneiden.

5. Öl in den Grillschalen verteilen. Diese auf den Rost des heißen Grills stellen. Linsen evtl. abgießen, mit Paprika- und Zucchini-würfeln, Zwiebelstücken und Knoblauchscheiben in die Grill-schalen geben und leicht angrillen. Dann Tomatenstücke und Gemüsebrühe unterrühren. Die Sauce etwa 15 Minuten kochen lassen, dabei ab und zu umrühren, mit Koriander, Harissa, Salz und Pfeffer würzen.

6. Couscous-Masse auf ein Schneidebrett stürzen und in Schnitten (etwa 5 x 10 cm) schneiden. Die Schnitten rundherum mit dem Pflanzenöl bestreichen und auf dem gefetteten Grillrost etwa 10 Minuten von beiden Seiten grillen. Die Couscous-Schnitten mit der Sauce servieren.

Zubereitungszeit: 60 Minuten, ohne Kühlzeit | Grillzeit: etwa 10 Minuten |
8 Portionen | Pro Portion: E: 19 g, F: 20 g, Kh: 80 g, kJ: 2539, kcal: 606, BE: 6,5

FRÜHLINGSZWIEBELN
MIT ROMESCO-SAUCE

Für die Romesco-Sauce:
50 g abgezogene, ganze Mandeln
1 Scheibe Vollkorn-Toastbrot
4 EL Olivenöl
2–3 Knoblauchzehen
3 kleine Tomaten (etwa 250 g)
½ Bio-Zitrone (unbehandelt, ungewachst)
200 g abgetropfte Tomatenpaprika (aus dem Glas)
1 geh. Msp. Paprikapulver edelsüß
1 Msp. gem. Kreuzkümmel (Cumin)
1 geh. Msp. Chiliflocken
Salz
gem. Pfeffer
1 Prise brauner Zucker

Für die Frühlingszwiebeln:
2 Bund Frühlingszwiebeln

1. Für die Sauce die Mandeln in einer Pfanne ohne Fett unter Rühren goldbraun anrösten. Mandeln auf einen Teller geben.

2. Inzwischen die Toastbrotscheibe in Würfel schneiden. 1 ½ Esslöffel des Öls in der Pfanne erhitzen. Die Brotwürfel darin von allen Seiten unter Rühren goldbraun rösten. Knoblauch abziehen, durch eine Knoblauchpresse hinzudrücken und kurz mit anrösten. Brotwürfel in einen Rührbecher geben.

3. Die Tomaten kreuzweise einschneiden und mit kochendem Wasser übergießen. Nach 1–2 Minuten herausnehmen und mit kaltem Wasser abschrecken. Tomaten häuten, halbieren und die Stängelansätze herausschneiden. Tomaten grob würfeln.

4. Zitrone heiß abwaschen, abtrocknen und die Schale fein abreiben. Zitrone halbieren und den Saft auspressen.

5. Mandeln, Tomatenwürfel, Zitronenschale, -saft, Tomatenpaprika, Paprikapulver, Kreuzkümmel, Chiliflocken und restliches Öl ebenfalls in den Rührbecher geben. Das Ganze fein pürieren. Die Romesco-Sauce mit Salz, Pfeffer und Zucker abschmecken.

6. Für die Frühlingszwiebeln die Frühlingszwiebeln putzen, aber die äußeren Schichten nicht abziehen, jedoch jeweils das obere grüne Drittel abschneiden. Die Frühlingszwiebeln abspülen, abtropfen lassen und auf den gefetteten Grillrost des heißen Grills legen. Die Frühlingszwiebeln bei mittlerer Hitze rundherum 6–8 Minuten grillen. Dann mit Salz würzen.

7. Nach dem Grillen die äußeren evtl. angebrannten Hüllen der Frühlingszwiebeln ablösen bzw. abziehen und das Innere mit der Romesco-Sauce servieren.

Zubereitungszeit: 20 Minuten | Grillzeit: 6–8 Minuten |
4 Portionen | Pro Portion: E: 6 g, F: 18 g, Kh: 18 g, kJ: 1130, kcal: 270, BE: 1,0

TOFU-„STEAKS"
MIT GEGRILLTEN SALBEIBLÄTTERN

Für das Rucola-Pesto:
100 g Rucola (Rauke)
1 Knoblauchzehe
20 g gem. Haselnusskerne
20 g ger. Parmesan
200 ml Olivenöl
Salz
gem. Pfeffer

600 g Tofu
6 Fleischtomaten (etwa 600 g)
gem. Pfeffer
36 Salbeiblätter
200 ml Pflanzenöl

etwa 3 EL Sojasauce

Außerdem:
2 Edelstahl-Grillschalen
(ohne Löcher)

1. Für das Rucola-Pesto Rucola abspülen und trocken tupfen. Grobe Stiele abschneiden. Knoblauch abziehen. Rucola und Knoblauch in einen hohen Rührbecher geben und pürieren. Haselnusskerne, Parmesan und Olivenöl hinzugeben. Das Ganze nochmals pürieren. Das Pesto mit Salz und Pfeffer abschmecken.

2. Tofu in 12 etwa 2 cm dicke Scheiben schneiden. Tomaten abspülen, abtrocknen, halbieren und dabei die Stängelansätze herausschneiden. Tomaten in Würfel schneiden. Die Salbeiblätter abspülen und trocken tupfen.

3. Etwa 100 ml vom Pflanzenöl in eine der Grillschalen gießen. Die Grillschale auf den Rost des heißen Grills stellen. Das Pflanzenöl erhitzen. Die Tofu-Scheiben darin in etwa 10 Minuten portionsweise von beiden Seiten grillen. Die Tofu-„Steaks" aus der Grillschale nehmen und am Rand des gefetteten Grillrostes warm halten.

4. Die Tomatenwürfel im verbliebenen Fett der Grillschale andünsten, mit Salz und Pfeffer würzen. Die gebratenen Tofu-„Steaks" auf die Tomatenwürfel in der Grillschale setzen. Das Ganze leicht weiterschmoren.

5. Das restliche Pflanzenöl in der zweiten Grillschale erhitzen. Die Salbeiblätter darin kurz angrillen.

6. Tofu-„Steaks" mit dem Tomatenragout und den gegrillten Salbeiblättern anrichten, mit etwas Sojasauce beträufeln. Das Pesto dazureichen.

Zubereitungszeit: 30–40 Minuten | Grillzeit: etwa 15 Minuten |
6 Portionen | Pro Portion: E: 19 g, F: 59 g, Kh: 7 g, kJ: 2648, kcal: 633, BE: 0,5

GEGRILLTER BABY-PAK-CHOI

500 g Klebreis

1 l Wasser
2 TL Salz
2 EL Weißweinessig

2 kg Baby-Pak-Choi
Salzwasser

2 EL geschälte Sesamsamen
gem. Pfeffer
3 EL Sojasauce

etwa 100 ml Pflanzenöl

250 ml süße Chilisauce

Außerdem:
2 Edelstahl-Grillschalen
(ohne Löcher) oder
16 Grillspieße (etwa 25 cm lang,
z. B. Bambusspieße, über Nacht in
Wasser eingelegt)

1. Den Reis etwa 1 Stunde in kaltem Wasser einweichen. Dann überschüssiges Wasser abgießen. Reis mit Wasser in einem Topf zum Kochen bringen. Salz hinzugeben. Den Reis bei schwacher Hitze zugedeckt in 15–20 Minuten ausquellen lassen, bis der Reis die Flüssigkeit vollständig aufgenommen hat, dabei gelegentlich umrühren. Dann den Reis mit Essig abschmecken.

2. In der Zwischenzeit die Pak-Choi-Stauden putzen und die Stielenden so abschneiden, dass die Stauden noch zusammenhalten. Die Stauden abspülen und mit Küchenpapier trocken tupfen.

3. Das Salzwasser in einem großen Topf zugedeckt zum Kochen bringen. Die Pak-Choi-Stauden darin portionsweise jeweils etwa 5 Minuten garen. Dann die Stauden abtropfen lassen.

4. Die Sesamsamen in einer Pfanne ohne Fett unter Rühren anrösten und dann auf einen Teller geben.

5. Die Pak-Choi-Stauden mit Salz und Pfeffer würzen, mit der Sojasauce beträufeln. Die Stauden mit Öl einstreichen, in die Grillschalen (gefettet) legen oder gleichmäßig jeweils auf 2 Grillspieße stecken.

6. Die Grillschalen auf den Grillrost stellen oder die Spieße auf den gefetteten Grillrost des heißen Grills legen. Pak Choi etwa 10 Minuten grillen, dabei einmal wenden.

7. Gegrillten Pak Choi mit Sesam bestreuen, mit Reis und Chilisauce servieren.

Zubereitungszeit: 30–40 Minuten, ohne Einweichzeit | Grillzeit: etwa 10 Minuten | 8 Portionen | Pro Portion: E: 7 g, F: 6 g, Kh: 66 g, kJ: 1489, kcal: 354, BE: 5,5

MARINIERTES GEMÜSE

je 2 rote, gelbe und grüne
Paprikaschoten (etwa 1 ½ kg)
4 Zucchini (etwa 1 kg)
3 Auberginen (etwa 1 kg)
2 Staudensellerie (etwa 1 kg)
400 g weiße Champignons
4 Knoblauchzehen
500 g Schalotten
3 Zweige Rosmarin
1 kleiner Topf Thymian

8 EL Olivenöl

Für die Marinade:
100 ml trockener Weißwein
100 ml Olivenöl
6 EL Rotweinessig
2 EL Balsamico-Essig
2 Lorbeerblätter
Salz
Zucker
gem. Pfeffer

Außerdem:
2–3 Edelstahl-Grillschalen
(ohne Löcher)

1. Die Paprikaschoten vierteln, entstielen, entkernen und die weißen Scheidewände entfernen. Die Schoten abspülen, abtropfen lassen und in Stücke schneiden.

2. Zucchini und Auberginen abspülen, abtrocknen und die Enden bzw. Stängelansätze abschneiden. Zucchini und Auberginen längs vierteln und in etwa 1 cm dicke Scheiben schneiden.

3. Staudensellerie putzen, abspülen und abtropfen lassen. Sellerie in etwa 3 cm lange Stücke schneiden. Champignons putzen und halbieren.

4. Knoblauch und Schalotten abziehen. Den Knoblauch in dünne Scheiben schneiden. Schalotten vierteln. Kräuter abspülen, trocken tupfen, die Nadeln bzw. Blättchen von den Stängeln zupfen und grob hacken.

5. Olivenöl in einer großen Pfanne erhitzen. Gemüse darin portionsweise anbraten und dann in eine große Schüssel geben.

6. Für die Marinade Wein, Olivenöl, beide Essigsorten und Lorbeerblätter in einem Topf verrühren, aufkochen lassen, mit Salz, Zucker und Pfeffer abschmecken. Das gemischte Gemüse mit der Marinade begießen und erkalten lassen. Dann das Gemüse zugedeckt etwa 2 Stunden in den Kühlschrank stellen, dabei 2–3-mal umrühren.

7. Das Gemüse gemischt in den Grillschalen verteilen. Die Grillschalen auf den Grillrost des heißen Grills stellen und das Gemüse etwa 30 Minuten grillen, dabei gelegentlich umrühren.

Zubereitungszeit: 60 Minuten | Marinierzeit: etwa 2 Stunden | Grillzeit: etwa 30 Minuten |
10 Portionen | Pro Portion: E: 7 g, F: 19 g, Kh: 14 g, kJ: 1112, kcal: 266, BE: 0,5

 **TIPP** Dazu passt gegrilltes Knoblauchbrot.

BOHNENBURGER

Für den Salat:
2 EL Limettensaft
1 EL flüssiger Honig
Salz
2 EL Olivenöl
1 EL TK-Petersilie
1 Mango
1 Avocado
1 kleine rote Chilischote

Für die Bohnenburger:
100 g Instant-Bulgur
Wasser (nach Packungsanleitung)
1 gestr. TL Salz
2 kleine Möhren (etwa 180 g)
1 Zwiebel (etwa 100 g)
3 EL Pflanzenöl
gem. Pfeffer
265 g abgespülte, abgetropfte
Kichererbsen (aus der Dose)
255 g abgespülte, abgetropfte
Kidneybohnen (aus der Dose)
4 Eier (Größe M)
50 g Semmelbrösel
40 g gehackte, geröstete
Pinienkerne
1 TL TK-Petersilie
2 gestr. TL Currypulver
ger. Muskatnuss

1 kleines Romana-Salatherz
etwas Weizenmehl zum Formen
2 EL Olivenöl

6 Weizen-Tortilla-Fladen
(aus dem Brotregal, Ø mind. 20 cm)

1. Für den Salat Limettensaft mit Honig und Salz verrühren. Öl und Petersilie unterschlagen.

2. Das Fruchtfleisch der Mango vom Stein schneiden, schälen und fein würfeln. Avocado halbieren, entsteinen. Das Fruchtfleisch herauslösen und würfeln. Chilischote längs halbieren, entstielen, entkernen, abspülen, trocken tupfen und fein würfeln. Mango-, Avocado- und Chiliwürfel mit der Marinade vermengen. Salat bis zum Anrichten etwa 45 Minuten zugedeckt durchziehen lassen.

3. Inzwischen für die Burger Bulgur mit Wasser nach Packungs- anleitung (die auf der Packung angegebene Flüssigkeitsmenge verwenden) und Salz zubereiten. Dann Bulgur abkühlen lassen.

4. Möhren putzen, schälen, abspülen, abtropfen lassen und grob reiben. Zwiebel abziehen und klein schneiden. Öl in einer Pfanne erhitzen. Zwiebel und Möhren darin leicht anbraten, mit Salz und Pfeffer würzen. Möhren-Zwiebel-Masse abkühlen lassen.

5. Kichererbsen und etwa zwei Drittel der Kidneybohnen mit den Eiern in einer Rührschüssel pürieren. Bulgur auflockern, mit rest- lichen Kidneybohnen, Möhren-Zwiebel-Masse, Semmelbröseln, Pinienkernen, Petersilie und Curry zu der pürierten Masse geben. Das Ganze vermischen, mit Salz und Muskat abschmecken.

6. Salatherz putzen und in feine Streifen schneiden. Aus der Burgermasse mit bemehlten Händen 6 flache Burger formen. Die Burger dünn mit Öl bestreichen, auf dem gefetteten Grillrost des heißen Grills bei mittlerer Hitze von jeder Seite 4–5 Minuten grillen, dabei vorsichtig wenden.

7. Die Tortillas portionsweise kurz vor dem Servieren auf dem heißen Grillrost von jeder Seite etwa 15 Sekunden grillen. Je einen großen Esslöffel Mango-Avocado-Salat und einen Burger mit einem Teil der Salatstreifen auf eine Tortillahälfte geben und die zweite Hälfte daraufklappen.

Zubereitungszeit: 45 Minuten, ohne Durchzieh- und Abkühlzeit | Grillzeit: etwa 10 Minuten |
6 Portionen | Pro Portion: E: 21 g, F: 33 g, Kh: 69 g, kJ: 2839, kcal: 678, BE: 5,5

AUBERGINEN-FÄCHER

Für die Zwiebelsauce:
2 rote Zwiebeln
1 EL Olivenöl
1 Msp. Salz
etwa 2 gestr. EL brauner Zucker
75 ml heller Balsamico-Essig
8 getrocknete Tomaten

4 kleine, schlanke Auberginen
(je etwa 250 g)
4 TL Olivenöl
Salz
gem. bunter Pfeffer
8 Basilikumblättchen
4 Scheiben Ziegenfrischkäse
(etwa 70 g)

1. Für die Zwiebelsauce Zwiebeln abziehen, halbieren und in feine Streifen schneiden. Olivenöl in einem Topf erhitzen. Die Zwiebel-streifen darin andünsten.

2. Salz und 2 Esslöffel Zucker mit in den Topf geben. Die Zwiebeln unter Rühren goldbraun karamellisieren. Dann Essig zugießen, unterrühren und zum Kochen bringen. Das Ganze bei mittlerer Hitze köcheln lassen, bis sich der Karamell aufgelöst hat. Dabei ab und zu umrühren.

3. Den Topf von der Kochstelle nehmen. Die Tomaten in feine Streifen schneiden und unter die Sauce rühren. Die Sauce evtl. nochmals mit Zucker abschmecken und zugedeckt warm stellen.

4. Die Auberginen abspülen und abtrocknen. Mit einem scharfen Messer die Auberginen längs bis zum Stielansatz in etwa 5 mm dicke Scheiben schneiden (die Fächer sollen am Stielansatz noch zusammenhalten). Die Auberginen auffächern und mithilfe eines Backpinsels mit Olivenöl bestreichen.

5. Die Auberginen-Fächer auf den gefetteten Grillrost des heißen Grills legen und bei mittlerer bis starker Hitze insgesamt 10–12 Minuten grillen. Dabei die Auberginen einmal vorsichtig mit der Grillzange wenden. Dabei darauf achten, dass die Auber-ginen nach dem Wenden immer noch aufgefächert auf dem Grillrost liegen. Auberginen vom Grill nehmen, mit Salz und Pfeffer würzen.

6. Basilikumblättchen abspülen und trocken tupfen. Die gegrill-ten Auberginen-Fächer auf 4 Tellern anrichten. Die noch warme Zwiebelsauce darauf verteilen und je eine Frischkäsescheibe darauflegen. Die Auberginen-Fächer mit Pfeffer bestreuen und mit den Basilikumblättchen garniert servieren.

Zubereitungszeit: 25 Minuten | Grillzeit: 10–12 Minuten |
4 Portionen | Pro Portion: E: 6 g, F: 12 g, Kh: 17 g, kJ: 872, kcal: 209, BE: 1,5

BBQ-GRILLGEMÜSE

je 1 gelbe und
rote Paprikaschote (etwa 425 g)
4 Möhren (etwa 425 g)
1 Staudensellerie
(etwa 425 g)
Salz
bunter geschroteter Pfeffer
220 ml BBQ-Sauce
(Grillsauce)

Außerdem:
1 Edelstahl-Grillschale
(ohne Löcher)

1. Paprikaschoten vierteln, entstielen, entkernen und die weißen Scheidewände entfernen. Schoten abspülen und abtropfen lassen. Möhren putzen, schälen, abspülen und abtropfen lassen. Staudensellerie putzen, abspülen und abtropfen lassen.

2. Paprikaviertel, Möhren und Selleriestangen in etwa 1 cm große Würfel schneiden und in eine Schüssel geben. Die Gemüsewürfel mit Salz und Pfeffer würzen, die BBQ-Sauce unterrühren. Das Gemüse zugedeckt etwa 30 Minuten marinieren.

3. Mariniertes Gemüse mit einem Schaumlöffel aus der Marinade nehmen oder das Gemüse in einem Sieb abtropfen lassen, dabei die Marinade auffangen und beiseitestellen. Gemüse in der Grillschale (gefettet) verteilen.

4. Die Grillschale auf den Grillrost des heißen Grills stellen. Das Gemüse unter gelegentlichem Rühren z. B. mit einem Grillwender bei nicht zu starker Hitze in etwa 30 Minuten bissfest grillen. Dann die beiseitegestellte Marinade unter das Gemüse rühren. Gemüse weitere 5–10 Minuten grillen.

Zubereitungszeit: 20 Minuten | Marinierzeit: etwa 30 Minuten |
Grillzeit: 35–40 Minuten | 4 Portionen |
Pro Portion: E: 3 g, F: 2 g, Kh: 34 g, kJ: 770, kcal: 182, BE: 3,0

Tipp: Dazu warmes Baguette, frisches Bauernbrot oder Folienkartoffeln servieren.

SÜSSKARTOFFELN
MIT HONIG-SENF-DRESSING

4 längliche Süßkartoffeln
(je 180–200 g)
½ TL Salz

Für das Honig-Senf-Dressing:
2 Frühlingszwiebeln
1 Bund glatte Petersilie
80 g geröstete, gesalzene
Erdnusskerne
4 EL flüssiger Honig
2 EL mittelscharfer Senf
2 EL Traubenkern-
oder Olivenöl
Salz
gem. Pfeffer

1. Die Süßkartoffeln unter fließendem Wasser abbürsten und abtropfen lassen. Die Süßkartoffeln in einem Topf knapp mit Wasser bedeckt zugedeckt zum Kochen bringen. Salz hinzugeben. Kartoffeln in etwa 20 Minuten gar kochen.

2. Die Kartoffeln abgießen und abkühlen lassen.

3. In der Zwischenzeit für das Dressing die Frühlingszwiebeln putzen, abspülen und abtropfen lassen. Frühlingszwiebeln in feine Scheiben schneiden. Petersilie abspülen und trocken tupfen. Die Blättchen von den Stängeln zupfen, einige zum Garnieren beiseitelegen. Restliche Blättchen klein schneiden.

4. Erdnusskerne hacken, mit Frühlingszwiebelscheiben, Petersilie, Honig, Senf und Öl verrühren. Dressing mit Salz und Pfeffer würzen.

5. Die Süßkartoffeln längs halbieren und mit der Schnittfläche nach unten auf den gefetteten Grillrost des heißen Grills legen. Die Kartoffelhälften bei mittlerer Hitze 8–10 Minuten grillen, dabei hin und wieder wenden, bis die Süßkartoffeln knusprig braun sind.

6. Die Kartoffeln anrichten, je einen Löffel vom Dressing daraufgeben und mit den beiseitegelgten Petersilienblättchen garniert sofort servieren.

Zubereitungszeit: 35 Minuten, ohne Abkühlzeit | Grillzeit: 8–10 Minuten |
4 Portionen | Pro Portion: E: 9 g, F: 17 g, Kh: 65 g, kJ: 1962, kcal: 468, BE: 5,5

ZUCCHINI-„NUDELN"

4 ¼ kg dünne Zucchini
1 Bund Thymian
1 Bund Rosmarin
8 Knoblauchzehen

Salz
gem. Pfeffer
200 ml Olivenöl

Außerdem:
mind. 2 Edelstahl-Grillschalen
(ohne Löcher)

1. Zucchini abspülen, abtrocknen und die Enden abschneiden. Die Zucchini längs mit einem Sparschäler oder einer Aufschnittmaschine in dünne Scheiben schneiden.

2. Thymian und Rosmarin abspülen, trocken tupfen und die Blättchen und Nadeln von den Stängeln zupfen. Einige Blättchen und Nadeln zum Garnieren beiseitelegen. Restliche Blättchen und Nadeln fein schneiden. Knoblauch abziehen und fein würfeln.

3. Die Zucchinischeiben in eine große Schüssel geben. Thymian, Rosmarin und Knoblauch hinzugeben, mit Salz und Pfeffer würzen. Das Olivenöl hinzugießen und das Ganze vorsichtig vermischen.

4. Die Zucchinischeiben portionsweise in den Grillschalen verteilen. Die Grillschalen auf den Grillrost des heißen Grills stellen. Die Zucchini-„Nudeln" etwa 10 Minuten pro Portion grillen, dabei ab und zu wenden.

5. Die garen Zucchini-„Nudeln" am Rand des Grills warm halten, zum Servieren mit den beiseitegelegten Kräutern servieren.

Zubereitungszeit: 30 Minuten | Grillzeit: 30–45 Minuten |
etwa 8 Portionen | Pro Portion: E: 9 g, F: 27 g, Kh: 10 g, kJ: 1336 kcal: 321, BE: 0,0

TIPP Reichen Sie zu den Zucchini-„Nudeln" ein Paprika-Chili. Dafür jeweils 2 rote, gelbe und grüne Paprikaschoten und etwa 250 g milde Chilischoten halbieren, entstielen, entkernen und die weißen Scheidewände entfernen. Die Schoten abspülen, abtropfen lassen und in Stücke schneiden. 300 g Cocktailtomaten abspülen, abtropfen lassen, halbieren und dabei die Stängelansätze herausschneiden. Das Gemüse mit 200 ml Olivenöl vermischen und in einer großen, erhitzten Pfanne oder in einem Bräter unter gelegentlichem Rühren gut anbraten. Das Gemüse mit Salz, Pfeffer und Chiliflocken würzen. 250 ml süße Chilisauce hinzugießen und das Ganze bei schwacher Hitze etwa 15 Minuten garen. Dabei ab und zu umrühren. Das Chili lässt sich gut vorbereiten und kann z. B. zu einer Grillparty in Grillschalen (ohne Löcher) auf dem Grillrost mit erwärmt werden.

KICHERERBSENBÄLLCHEN
MIT AVOCADO-TOMATEN-CREME

200 g Couscous
Gemüsebrühe
(nach Packungsanleitung)

2 Dosen Kichererbsen
(je 400 g Füllgewicht)
1 Bund Petersilie
2 Zitronen
½ TL gem. Kreuzkümmel
½ TL gem. Chili
Salz
gem. Pfeffer

250 g Speisestärke

Für die Creme:
2 Avocados
80 g passierte Tomaten
(aus einem Tetrapak)
4 TL Zitronensaft
Salz
gem. Pfeffer

500 ml Sesamöl zum Ausbacken

Außerdem:
2 Edelstahl-Grillschalen
(ohne Löcher)

1. Couscous nach Packungsanleitung mit Brühe (die auf der Packung angegebene Flüssigkeitsmenge verwenden) zubereiten.

2. Die Kichererbsen mit dem Sud in eine Rührschüssel füllen. Petersilie abspülen, trocken tupfen und zu den Kichererbsen geben. Das Ganze fein pürieren. Den gequollenen Couscous dazugeben und untermischen.

3. Die Zitronen halbieren und auspressen. Die Kichererbsen-Couscous-Masse mit Zitronensaft, Kreuzkümmel, Chili, Salz und Pfeffer kräftig würzen. Zum Schluss die Speisestärke nach und nach einarbeiten, dabei darauf achten, dass die Stärke dabei keine Klümpchen bildet. Die Masse etwa 30 Minuten ruhen lassen.

4. Für die Creme die Avocados längs halbieren. Die Steine entfernen und das Fruchtfleisch aus den Schalen lösen. Das Fruchtfleisch pürieren und mit den passierten Tomaten verrühren. Die Creme mit Zitronensaft, Salz und Pfeffer abschmecken.

5. Aus der Kichererbsen-Couscous-Masse mit leicht angefeuchteten Händen etwa 100 kleine Bällchen formen.

6. Das Sesamöl in den Grillschalen verteilen. Die Grillschalen auf den Rost des heißen Grills stellen. Das Öl erhitzen. Die Bällchen darin portionsweise in je etwa 5 Minuten ausbacken.

7. Zu den Bällchen die Avocado-Tomaten-Creme reichen.

Zubereitungszeit: 45 Minuten | Ruhezeit: etwa 30 Minuten | Grillzeit: etwa 30 Minuten |
8 Portionen | Pro Portion: E: 9 g, F: 28 g, Kh: 59 g, kJ: 2286, kcal: 545, BE: 5,0

 **TIPP** Die Bällchen zusätzlich in Sesamsamen wälzen und dann ausbacken.

GRILLGEMÜSE
MIT EXOTISCHEM JOGHURT-DIP

3–4 Fenchelknollen (etwa 600 g)
6–8 Möhren (etwa 300 g)
4 Süßkartoffeln (etwa 1 kg)
Salzwasser

6 Knollen Rote Bete (etwa 500 g, vorgegart, vakuumverpackt)

4 EL flüssiger Honig
200 ml Wasser
200 ml Olivenöl
gem. Pfeffer
½ TL gem. Koriander
½ TL gem. Zimt
1 TL Szechuan-Pfeffer

Für den Dip:
400 g Joghurt (3,5 % Fett)
1 TL China-Gewürzmischung
1 TL Teriyaki-Sauce

Außerdem:
evtl. 2 Edelstahl-Grillschalen (ohne Löcher)

1. Fenchelknollen und Möhren putzen. Möhren schälen. Fenchelknollen und Möhren abspülen und abtropfen lassen. Süßkartoffeln gründlich waschen bzw. abbürsten, abtropfen lassen und in etwa 1 cm dicke Scheiben schneiden.

2. Salzwasser in einem großen Topf zum Kochen bringen. Darin nacheinander jeweils die Fenchelknollen und die Möhren je 10–12 Minuten garen. Dann die Süßkartoffelscheiben in dem kochenden Salzwasser etwa 5 Minuten garen. Die Gemüsesorten jeweils mit einem Schaumlöffel aus dem Topf nehmen und in einem Sieb abtropfen lassen.

3. Möhren, Fenchelknollen und Rote Bete in 1–2 cm dicke Scheiben schneiden. Vorbereitetes Gemüse auf Backblechen verteilen.

4. Honig mit Wasser und Olivenöl verschlagen, mit Salz, Pfeffer, Koriander, Zimt und Szechuan-Pfeffer würzen. Das Gemüse mit der Marinade bestreichen, etwa 10 Minuten durchziehen lassen.

5. Für den Dip Joghurt mit China-Gewürzmischung und Teriyaki-Sauce verrühren.

6. Das Gemüse evtl. in Grillschalen (gefettet) auf den Rost des heißen Grills stellen. Oder das Gemüse direkt auf dem gefetteten Grillrost des heißen Grills grillen. Das Gemüse 5–10 Minuten grillen, dabei einmal wenden. Das Gemüse mit dem Dip servieren.

Zubereitungszeit: etwa 40 Minuten | Durchziehzeit: etwa 10 Minuten | Grillzeit: 5–10 Minuten | 8 Portionen | Pro Portion: E: 7 g, F: 13 g, Kh: 46 g, kJ: 1460, kcal: 348, BE: 4,0

TIPPS

Das Gemüse statt auf dem Grillrost oder in Grillschalen auf einer gefetteten Grillplatte grillen.
Zum Servieren das gegrillte Gemüse z. B. mit Majoran- oder Korianderblättchen bestreuen.

ZUCCHINI-TOMATEN-RAGOUT

7 Zucchini (etwa 1 ¾ kg)
6 Fleischtomaten (etwa 700 g)
1 Topf Basilikum
1 Chilischote
375 g abgetropfter Mozzarella
20 ml Pflanzenöl

500 ml süße Chilisauce
Salz
gem. Pfeffer

Außerdem:
2 Edelstahl-Grillschalen
(ohne Löcher)

1. Zucchini und Fleischtomaten abspülen und abtrocknen. Die Enden der Zucchini abschneiden. Die Tomaten halbieren und dabei die Stängelansätze herausschneiden. Zucchini und Tomaten in Würfel schneiden.

2. Basilikumstängel abspülen, trocken tupfen und die Blättchen von den Stängeln zupfen. Die Blättchen grob schneiden. Die Chilischote längs halbieren, entstielen, entkernen, abspülen und abtropfen lassen. Die Schote fein hacken.

3. Mozzarella grob würfeln. Das Pflanzenöl in die Grillschalen gießen. Die Grillschalen auf den Rost des heißen Grills stellen. Das Pflanzenöl erhitzen. Die Zucchini- und Tomatenwürfel darin andünsten und leicht Farbe nehmen lassen.

4. Die Chilisauce hinzugießen und unterrühren. Basilikum ebenfalls unterrühren. Das Ragout mit Salz, Pfeffer und Chili pikant würzen. Das Ganze unter gelegentlichem Rühren 10–15 Minuten köcheln lassen, die Zucchiniwürfel sollen noch leicht bissfest sein. Die Mozzarella-Würfel unterrühren.

Zubereitungszeit: 25 Minuten | Grillzeit: 10–15 Minuten |
6–8 Portionen | Pro Portion: E: 15 g, F: 15 g, Kh: 41 g, kJ: 1554, kcal: 368, BE: 3,0

 **TIPP** Zum Servieren das Ragout zusätzlich mit Thymian- oder Basilikumblättchen garnieren.

WÜRZIGE SAUCEN & KÖSTLICHE SALATE

MIT BEILAGEN WIRD DIE SACHE ERST RUND

PAPRIKA-RADIESCHEN-FLADENBROT

2 große Fladenbrote
(je etwa 500 g)
6 EL Delikatess-Mayonnaise
6 EL Kräutersenf
2 Kästchen Kresse
4 rote Zwiebeln (etwa 200 g)
4 Spitzpaprika (etwa 360 g)
250 g Radieschen
Salz
gem. Pfeffer

1. Die Fladenbrote vierteln. Die Viertel jeweils waagerecht aufschneiden. Mayonnaise und Kräutersenf in einer kleinen Schüssel verrühren.

2. Kresse abspülen, trocken tupfen und abschneiden. Rote Zwiebeln abziehen, zuerst in dünnen Scheiben schneiden und dann in dünne Ringe teilen.

3. Paprika entstielen, entkernen, abspülen, abtropfen lassen und in dünne Ringe schneiden.

4. Radieschen putzen, abspülen, abtropfen lassen und in dünne Scheiben schneiden. Die Fladenstücke mit der Mayo-Senf-Mischung bestreichen. Die Fladenunterseiten gleichmäßig mit der Kresse bestreuen, mit Zwiebel- und Paprikaringen belegen.

5. Zum Schluss die Radieschenscheiben darauf verteilen, mit Salz und Pfeffer bestreuen. Die Fladenoberteile jeweils mit den bestrichenen Seiten daraufsetzen.

6. Die gefüllten Fladenviertel auf den gefetteten Grillrost des heißen Grills legen, bei nicht zu starker Hitze etwa 5 Minuten grillen, evtl. dabei wenden.

Zubereitungszeit: 30 Minuten | Grillzeit: etwa 5 Minuten |
8 Portionen | Pro Portion: E: 12 g, F: 19 g, Kh: 66 g, kJ: 2101, kcal: 501, BE: 5,5

POLENTA-GRILL-TALER

Für den Maisbrei:
750 ml Gemüsebrühe
175 g Polenta (Maisgrieß)

1 Bund glatte Petersilie
2 Stängel Thymian
1 Stängel Basilikum
1 kleines Bund Schnittlauch

50 g Butter
50 g ger. Parmesan
Salz
gem. Pfeffer

3–4 EL Pflanzenöl zum Bestreichen
evtl. 75 g Crème fraîche

Außerdem:
1 große, flache Auflaufform

1. Für den Maisbrei die Brühe in einem Topf zum Kochen bringen. Maisgrieß unter Rühren einrieseln lassen und nach Packungsanleitung zubereiten. Den Topf von der Kochstelle nehmen.

2. Inzwischen die Kräuter abspülen und trocken tupfen. Nach Belieben einige Petersilienstängel zum Garnieren beiseitelegen. Die Blättchen von den restlichen Kräuterstängeln zupfen. Blättchen klein schneiden. Schnittlauch in feine Röllchen schneiden.

3. Kräuter, Butter und Parmesan unter den noch heißen Maisbrei rühren. Den Maisbrei mit Salz und Pfeffer würzen. Den Maisbrei in der Auflaufform (gefettet) verstreichen und bei Zimmertemperatur in etwa 2 Stunden abkühlen lassen.

4. Polenta auf ein großes Schneidebrett oder auf die Arbeitsfläche stürzen und z. B. mit einem runden Ausstecher dicht an dicht Scheiben ausstechen.

5. Die Polentascheiben rundherum mit Öl einstreichen und auf dem gefetteten Grillrost des heißen Grills bei mittlerer Hitze insgesamt etwa 5 Minuten grillen. Dabei einmal wenden.

6. Die gegrillten Polentascheiben mit Crème fraîche und der beiseitegelegten Petersilie anrichten, mit etwas Salz bestreut servieren.

Zubereitungszeit: 45 Minuten, ohne Abkühlzeit | Grillzeit: etwa 5 Minuten |
4–6 Portionen | Pro Portion: E: 6 g, F: 21 g, Kh: 26 g, kJ: 1357, kcal: 323, BE: 2,0

 **TIPPS** Die Polentamasse einfach in Drei- oder Vierecke schneiden, so bleiben keine Reste übrig. Die Polentascheiben einige Stunden vor dem Grillen oder sogar am Vortag vorbereiten und zugedeckt in den Kühlschrank stellen.

ERDÄPFELKAS IN FLEISCHTOMATEN

1 kg mehligkochende Kartoffeln
1 TL Salz

1 Bund Petersilie
12 Fleischtomaten (2–2 ¼ kg)
50–75 ml Pflanzenöl
gem. Pfeffer

300 g Schmand (Sauerrahm)
ger. Muskatnuss

Außerdem:
2 Edelstahl-Grillschalen
Alufolie

1. Kartoffeln schälen, in Stücke schneiden, abspülen und knapp mit Wasser bedeckt in einem großen Topf zugedeckt zum Kochen bringen. Salz hinzugeben und die Kartoffeln in etwa 30 Minuten gar kochen.

2. In der Zwischenzeit Petersilie abspülen, trocken tupfen und die Blättchen von den Stängeln zupfen. Die Blättchen fein schneiden.

3. Die Tomaten abspülen, abtrocknen und die Stängelansätze herausschneiden. Von den Tomaten jeweils einen Deckel ab-schneiden. Das Tomatenfruchtfleisch mit einem Teelöffel oder einem Kugelausstecher herauslösen.

4. Die ausgehöhlten Tomaten innen und außen mit dem Pflan-zenöl einstreichen, mit Salz und Pfeffer würzen.

5. Die garen Kartoffeln abgießen und dann die Kartoffeln mit einem Stampfer zerdrücken. Petersilie und Schmand unter den Kartoffelstampf rühren. Den Erdäpfelkas mit Salz, Pfeffer und Muskat abschmecken.

6. Die ausgehöhlten Tomaten mithilfe eines Löffels mit dem Erdäpfelkas füllen. Die gefüllten Tomaten in Grillschalen (gefettet) setzen. Die Grillschalen locker mit Alufolie zudecken.

7. Die Grillschalen auf den Grillrost des heißen Grills stellen. Die gefüllten Tomaten etwa 20 Minuten grillen.

Zubereitungszeit: 50 Minuten | Grillzeit: etwa 20 Minuten |
6 Portionen | Pro Portion: E: 6 g, F: 21 g, Kh: 28 g, kJ: 1363, kcal: 324, BE: 2,0

TIPP Die Tomatendeckel und das Tomatenfruchtfleisch zu einer Tomatensuppe oder To-matensauce verarbeiten.

PIZZA-PRALINEN AM SPIESS

Für den Hefeteig:
500 g Weizenmehl
1 Pck. Dr. Oetker Trockenbackhefe
½ TL Salz
250 ml lauwarmes Wasser
je 1 TL gerebelter Thymian, Majoran
und gem. Zitronen-Pfeffer oder
2–3 TL Pizza-
Gewürzmischung
125 g Kräuterbutter

Außerdem:
12 Grillspieße (15–20 cm lang,
z. B. Bambusspieße, über Nacht in
Wasser eingelegt, oder
Metallspieße)
1–2 Edelstahl-Grillschalen
(ohne Löcher)
Alufolie

1. Für den Hefeteig Mehl in eine Rührschüssel geben, mit Trockenbackhefe und Salz vermischen. In die Mitte eine Vertiefung drücken und das lauwarme Wasser dazugießen.

2. Die Zutaten mit einem Mixer (Knethaken) zunächst kurz auf niedrigster, dann auf höchster Stufe in etwa 5 Minuten zu einem glatten Teig verarbeiten.

3. Den Teig zugedeckt so lange an einem warmen Ort gehen lassen, bis er sich sichtbar vergrößert hat, 30–40 Minuten.

4. Thymian mit Majoran und Zitronen-Pfeffer mischen.

5. Den Teig auf einer leicht bemehlten Arbeitsfläche nochmals gut durchkneten. Aus dem Teig 36 kleine, gleich große Kugeln formen. Jeweils 3 Teigkugeln auf einen Spieß stecken.

6. Die Kräuterbutter zerlassen. Die Teigkugeln mit der Kräuterbutter rundherum einstreichen und mit der Kräutermischung bestreuen. Die Spieße in die Grillschalen (gefettet) legen.

7. Die Grillschalen mit Alufolie zudecken, auf den Grillrost des heißen Grills setzen. Die Spieße bei nicht zu starker Hitze 30–40 Minuten grillen (backen).

Zubereitungszeit: 35 Minuten | Teiggehzeit: 30–40 Minuten | Grillzeit: 30–40 Minuten |
12 Spieße | Pro Spieß: E: 5 g, F: 9 g, Kh: 31 g, kJ: 961, kcal: 230, BE: 2,5

GEGRILLTER SALAT MIT KÄSE

3 Romana-Salatkopfherzen
125 g Kräuterbutter (1 Rolle)
100 g fein ger. Cheddar-Käse
oder alter Gouda
Salz
gem. Pfeffer
6 TL Crema di Balsamico

Außerdem:
evtl. Edelstahl- Grillschalen

1. Die Salatkopfherzen putzen, abspülen und gut abtropfen lassen. Die Salatkopfherzen halbieren und die Hälften leicht aufspreizen, damit sich die Butter beim Grillen besser im Salat verteilen kann. Die Butter in 18 dünne Scheiben schneiden.

2. Dann die Salathälften mit den Schnittflächen nach unten auf den gefetteten Grillrost des Grills (am Rand, wo die Hitze nicht zu stark ist) oder evtl. in gefettete Edelstahl-Grillschalen legen und 2–3 Minuten grillen.

3. Ist der Salat leicht gebräunt, die Salathälften wenden und mit jeweils 3 Kräuterbutterscheiben belegen. Geriebenen Käse daraufstreuen (dabei darauf achten, dass kein Käse in die Glut fällt), mit Salz und Pfeffer würzen und weitere etwa 3 Minuten grillen.

4. Ist der Käse leicht geschmolzen, die Salathälften vorsichtig vom Grill nehmen und auf eine Platte oder einen Teller legen. Gegrillten Salat mit etwas Crema di Balsamico beträufeln und servieren.

Zubereitungszeit: 15 Minuten | Grillzeit: 5–6 Minuten |
6 Portionen | Pro Portion: E: 5 g, F: 19 g, Kh: 4 g, kJ: 836, kcal: 202, BE: 0,5

TIPP Anstelle von Cheddar-Käse kann man den Salat auch mit dünnen Mozzarella-Scheiben belegen und mit Pesto bestreichen. Zerläuft der Käse nicht richtig auf dem Salat, einfach mit etwas Alufolie zudecken. Wer kann, schließt den Grill für 2–3 Minuten. Anstelle von Romana-Salatherzen kann auch Radicchio-Salat verwendet werden.

KATALANISCHES TOMATENGRILLBROT

12 Knoblauchzehen
6 Tomaten (etwa 660 g)
24 Scheiben Baguette
(schön lang geschnitten)
etwa 180 ml Olivenöl)
etwas grobes Meersalz
gem. Pfeffer

1. Den Knoblauch abziehen. Die Tomaten abspülen, abtrocknen, halbieren und die Stängelansätze herausschneiden.

2. Die Baguettescheiben auf den gefetteten Grillrost des heißen Grills legen und von jeder Seite kurz goldgelb grillen.

3. Die Baguettescheiben vom Grill nehmen und sofort mit dem abgezogenen Knoblauch einreiben. So lange reiben, bis nichts mehr von dem Knoblauch übrig ist.

4. Anschließend die Baguettescheiben mit den angeschnittenen Seiten der Tomatenhälften einreiben und mit Olivenöl beträufeln. Die Baguettescheiben mit Meersalz und Pfeffer bestreuen und sofort servieren.

Rezeptvariante: Reichen Sie die gerösteten und mit Knoblauch eingeriebenen Baguettescheiben mit **Schafskäsetatar:** Dafür 400 g Schafskäse in kleine Würfel schneiden. Je 2 Zwiebeln und Knoblauchzehen abziehen und fein würfeln. 50 g entsteinte schwarze Oliven in kleine Stücke schneiden. 1 Bund glatte Petersilie abspülen, trocken tupfen und die Blättchen von den Stängeln zupfen. Blättchen fein schneiden. Die Schafskäse-, Zwiebel- und Knoblauchwürfel mit 6 Esslöffeln Olivenöl verrühren, dabei den Schafskäse mit einer Gabel fein zerdrücken. Die Olivenstücke und die geschnittene Petersilie unterheben. Das Schafskäsetatar mit Pfeffer abschmecken.

Zubereitungszeit: 30 Minuten |
12 Portionen | Pro Portion: E: 3 g, F: 16 g, Kh: 22 g, kJ: 1001, kcal: 239, BE: 1,5

TIPPS Die Brotscheiben zusätzlich mit frisch gehobeltem Parmesan und/oder vorbereitetem Rucola (Rauke) bestreuen. Die Tomatenhälften nach dem Abreiben auf den heißen Grill legen und kurz mitgrillen. Tomaten mit Salz und Pfeffer würzen und heiß, z.B. zu Grillkäse, servieren.

KARTOFFEL-BRATLINGE

1 ¼ kg festkochende Kartoffeln
etwa 1 TL Salz

4 Möhren (etwa 250 g)
Salzwasser

1 Bund Frühlingszwiebeln
(etwa 250 g)
1 Bund Majoran
1 geh. EL Kartoffelstärke (20 g)
Salz
gem. Pfeffer
ger. Muskatnuss

500 g Kräuterquark

Außerdem:
1 Grillplatte

1. Kartoffeln schälen, abspülen und abtropfen lassen. Die Kartoffeln knapp mit Wasser bedeckt zugedeckt zum Kochen bringen. Salz hinzufügen. Kartoffeln etwa 30 Minuten garen. Dann die Kartoffeln abgießen und mit einem Kartoffelstampfer zerstampfen.

2. Inzwischen die Möhren putzen, schälen, abspülen und abtropfen lassen. Salzwasser in einem Topf zum Kochen bringen. Die Möhren darin 10–12 Minuten garen, dann abtropfen lassen.

3. Frühlingszwiebeln putzen, abspülen, abtropfen lassen und in Stücke schneiden. Majoran abspülen, trocken tupfen und die Blättchen von den Stängeln zupfen. Frühlingszwiebelstücke, Majoranblättchen und Möhren pürieren.

4. Das Zwiebel-Möhren-Püree mit dem Kartoffelstampf verrühren. Die Kartoffelstärke hinzugeben und gründlich unterkneten. Die Masse mit Salz, Pfeffer und Muskat würzen.

5. Aus der Kartoffelmasse mit bemehlten Händen 24 gleich große Bratlinge formen.

6. Die Grillplatte (gefettet) auf den Grillrost des heißen Grills legen. Die Bratlinge darauf jeweils etwa 5 Minuten pro Seite grillen.

7. Die Bratlinge mit dem Kräuterquark servieren.

Zubereitungszeit: 70 Minuten | Grillzeit: etwa 10 Minuten |
12 Portionen | Pro Portion: E: 5 g, F: 4 g, Kh: 19 g, kJ: 573, kcal: 137, BE: 1,5

TIPPS

Die Bratlinge statt auf der Grillplatte in beschichteten Grillschalen (gefettet) oder Edelstahl-Grillschalen (ohne Löcher, gefettet) grillen. Den Kräuterquark zusätzlich mit fein geschnittenen Kräutern anreichern.

GRILL-SALAT

650 g Zucchini
3 Paprikaschoten (rot und grün)
½ Knoblauchknolle (etwa 50 g)
750 g Halloumi-Käse
2–3 EL Olivenöl

750 g Tomaten
einige Stängel Thymian
1 EL rosa Pfefferbeeren

Für das Dressing:
etwa 40 ml Limettensaft
etwa 85 ml Olivenöl
Salz
gem. Pfeffer
½ TL Zucker

Außerdem:
1 Grillpfanne
oder
Edelstahl-Grillschalen

1. Zucchini abspülen, trocken tupfen und die Enden abschneiden. Zucchini evtl. längs halbieren und in dünne Scheiben schneiden.

2. Paprikaschoten halbieren, entstielen, entkernen und die weißen Scheidewände entfernen. Schoten abspülen, abtropfen lassen und achteln. Knoblauchknolle in einzelne Zehen zerlegen, abziehen und in Stücke schneiden.

3. Halloumi-Stücke jeweils längs halbieren, zuerst in etwa 1 cm dicke Scheiben, dann in Stücke schneiden. Käsestücke, Zucchinischeiben, Paprikastücke und Knoblauch mit dem Olivenöl mischen und portionsweise unter Wenden in einer erhitzten Grillpfanne braten. Oder die Mischung in Grillschalen verteilt auf dem Rost des heißen Grills grillen. Dann alles etwas abkühlen lassen.

4. Inzwischen die Tomaten abspülen, abtropfen lassen, halbieren und die Stängelansätze herausschneiden. Tomaten in Stücke schneiden. Thymian abspülen, trocken tupfen, die Blättchen von den Stängeln zupfen.

5. Tomatenstücke, Thymianblättchen und rosa Pfefferbeeren mit den gebratenen Salatzutaten vermischen.

6. Für das Dressing Limettensaft mit Olivenöl verschlagen, mit Salz, Pfeffer und Zucker würzen. Das Limettendressing mit den Salatzutaten vermischen. Den Salat zugedeckt mindestens 1 Stunde durchziehen lassen.

Zubereitungszeit: 100 Minuten | Durchziehzeit: mind. 1 Stunde
8–10 Portionen | Pro Portion: E: 26 g, F: 38 g, Kh: 8 g, kJ: 1995, kcal: 477, BE: 0,5

TIPPS Statt mit Limettensaft können Sie das Dressing auch mit Aceto balsamico zubereiten. Dazu gegrillte Baguette-Scheiben mit Kräuterbutter bestrichen reichen.

KICHERERBSEN-BULGUR-SALAT

Für den Salat:
70 g Instant-Bulgur
Gemüsebrühe
(nach Packungsanleitung)
1 EL gestiftelte Mandeln
1 Orange
4 Frühlingszwiebeln
150 g Cocktailtomaten
265 g abgespülte, abgetropfte
Kichererbsen (aus der Dose)
1 EL Rosinen

Für die Sauce:
2 Stängel Pfefferminze
1 Bio-Limette
(unbehandelt, ungewachst)
Salz
gem. Pfeffer
1 Prise Zucker

3 EL Olivenöl

Für das Salat-Topping:
150 g Joghurt (3,5 % Fett)
½ TL Chilipulver

½ Avocado
etwa 1 ½ EL Zitronensaft

1. Für den Salat Bulgur mit Brühe nach Packungsanleitung (die auf der Packung angegebene Flüssigkeitsmenge verwenden) zubereiten. Bulgur abkühlen lassen. Die Mandeln in einer Pfanne ohne Fett unter Rühren anrösten, dann auf einen Teller geben.

2. Die Orange so schälen, dass die weiße Haut mit entfernt wird. Orange filetieren, dabei den Saft auffangen. Filets halbieren. Frühlingszwiebeln putzen, abspülen, abtropfen lassen, in feine Scheiben schneiden. Die Tomaten abspülen, abtrocknen und vierteln, dabei die Stängelansätze herausschneiden.

3. Bulgur mit 2 Gabeln auflockern. Kichererbsen, Orangenfilets, Frühlingszwiebelscheiben, Tomatenviertel, Rosinen und ½ Esslöffel von den Mandeln hinzugeben.

4. Für die Sauce Minze abspülen, trocken tupfen. Die Blättchen von den Stängeln zupfen. Einige Blättchen zum Garnieren beiseitelegen. Restliche Blättchen fein schneiden. Limette heiß abwaschen und abtrocknen. Die Schale von ½ Limette fein abreiben. Limette halbieren und auspressen. 1 Teelöffel Limettensaft für das Salat-Topping abmessen und beiseitestellen.

5. Aufgefangenen Orangensaft mit Limettensaft und -schale mit etwas Salz, Pfeffer und Zucker verrühren. Olivenöl unterschlagen. Sauce und Salatzutaten vermischen.

6. Für das Topping Joghurt mit dem beiseitegestellten Limettensaft und Chili glatt rühren. Von der Avocado den Stein herauslösen. Das Fruchtfleisch aus der Schale lösen, in Stücke schneiden und sofort mit Zitronensaft beträufeln.

7. Den Salat nochmals umrühren, abschmecken und z. B. in Gläsern verteilen. Darauf jeweils einen Klecks vom Topping und einige Avocadostücke geben. Salat mit beiseitegelegten Minzeblättchen und restlichen Mandeln garniert servieren.

Zubereitungszeit: 20 Minuten, ohne Abkühlzeit |
2–3 Portionen | Pro Portion: E: 26 g, F: 28 g, Kh: 58 g, kJ: 2494, kcal: 596, BE: 4,5

GESTREIFTER GURKEN-MANGO-SALAT

Für die Sauce:
½ rote Chilischote
2 Knoblauchzehen
6 EL Limettensaft
3 EL brauner Zucker
1 EL Ketjap Manis (indonesische Sojasauce)
2 EL Sojasauce

Für den Salat:
1–2 Mangos (etwa 500 g, möglichst festes Fruchtfleisch)
450 g Salatgurke
2 Sternfrüchte (Karambole)

75 g geröstete, gesalzene Erdnüsse
8 Stängel Koriander

1. Für die Sauce Chilischotenhälfte evtl. entstielen und entkernen, abspülen, abtropfen lassen und in feine Ringe schneiden. Knoblauch abziehen und fein hacken. Den Limettensaft mit Zucker, Ketjap Manis und Sojasauce verrühren, Chili und Knoblauch unterrühren.

2. Für den Salat das Fruchtfleisch der Mangos vom Stein schneiden und schälen. Gurke schälen und die Enden abschneiden. Gurke längs halbieren und die Kerne herausschaben. Die Sternfrüchte abspülen und trocken tupfen. Gurke, Mango und Sternfrüchte in feine Streifen schneiden.

3. Die Erdnüsse grob hacken. Koriander abspülen, trocken tupfen und die Blättchen von den Stängeln zupfen. Die Korianderblättchen grob hacken.

4. Die Gurken-, Mango- und Sternfrüchtestreifen mit der Sauce mischen. Den Salat mit den Erdnusskernen und dem Koriander bestreut servieren.

Zubereitungszeit: 30 Minuten |
4 Portionen | Pro Portion: E: 7 g, F: 11 g, Kh: 30 g, kJ: 1036, kcal: 248, BE: 2,5

TIPP Wenn Sie keine Sternfrüchte bekommen, können Sie stattdessen auch 1–2 Äpfel (z.B. Granny Smith) nehmen.

ASIATISCHER PILZ-GLASNUDEL-SALAT

100 g Glasnudeln
250 g Salatgurke
150 g Möhren

Für die Sauce:
10 g Ingwer
1 Knoblauchzehe
2–3 Limetten
2 EL Weißweinessig
2–3 EL Sojasauce
4–5 EL Rapsöl
1 Prise Zucker
1 Msp. Sambal Oelek
(indonesische Chili-Würzpaste)

150 g Shiitakepilze
150 g Austernpilze
100 g Frühlingszwiebeln
75 g Mungobohnenkeimlinge
Salz

1. Glasnudeln nach Packungsanleitung zubereiten. Glasnudeln abgießen, mit kaltem Wasser abspülen und in einem Sieb abtropfen lassen. Gurke nach Belieben schälen, längs halbieren, entkernen und in etwa 1 cm breite Streifen schneiden. Möhren putzen, schälen, abspülen, abtropfen lassen und in feine Streifen hobeln.

2. Für die Sauce Ingwer schälen. Knoblauch abziehen. Ingwer und Knoblauch in sehr kleine Würfel schneiden oder im Blitzhacker sehr fein hacken. Limetten halbieren und auspressen.

3. Limettensaft mit Essig, Sojasauce, Ingwer- und Knoblauchwürfeln verrühren. 3 Esslöffel des Öls unterschlagen, mit Zucker und Sambal Oelek würzen. Glasnudeln, Gurken- und Möhrenstreifen hinzugeben und untermischen. Salat kurz kalt stellen.

4. In der Zwischenzeit Pilze putzen, mit Küchenpapier abreiben. Große Pilze in grobe Streifen schneiden. Die Frühlingszwiebeln putzen, abspülen, abtropfen lassen, in kleine Stücke schneiden.

5. Keimlinge verlesen, abspülen und abtropfen lassen. Keimlinge in kochendem Wasser etwa ½ Minute blanchieren, dann in ein Sieb geben, mit kaltem Wasser übergießen und abtropfen lassen.

6. Restliches Öl in einer Pfanne erhitzen. Shiitake- und Austernpilze darin unter Rühren kräftig anbraten und herausnehmen. Pilze etwas abkühlen lassen.

7. Keimlinge, Frühlingszwiebelstücke und Pilze unter den Salat heben. Den Pilz-Glasnudel-Salat nochmals mit Sojasauce und evtl. etwas Salz abschmecken.

Zubereitungszeit: 25 Minuten, ohne Abkühlzeit |
4 Portionen | Pro Portion: E: 4 g, F: 12 g, Kh: 31 g, kJ: 1017, kcal: 242, BE: 2,5

TOMATEN-MELONEN-SALSA

1 Bio-Orange (unbehandelt, ungewachst)
200 ml Portwein
200 ml Orangensaft

3 Roma-Tomaten (etwa 180 g)
½ Honigmelone (etwa 300 g)

280 g Orangengelee
etwa ¼ TL gem. Chili
1 TL Senfpulver
gem. Pfeffer

1. Orange heiß abwaschen, abtrocknen und die Schale mit einem Zestenreißer dünn abziehen. Die Orange halbieren und auspressen. Den Orangensaft mit den Orangenzesten in einen kleinen Topf geben. Portwein und zusätzlichen Orangensaft hinzugießen. Das Ganze kurz aufkochen und etwa 5 Minuten leicht köcheln lassen. Dann die Zesten-Saft-Mischung erkalten lassen.

2. Die Tomaten abspülen, abtrocknen, vierteln, entkernen und dabei die Stängelansätze herausschneiden. Tomaten würfeln.

3. Melonenhälfte entkernen und schälen. Melonenfruchtfleisch in kleine Würfel schneiden.

4. Orangengelee in eine Schüssel füllen und glatt rühren. Das Gelee mit Tomaten- und Melonenwürfeln, sowie der Zesten-Saft-Mischung verrühren. Das Ganze mit Chili, Senfpulver und Pfeffer würzen, zugedeckt etwa 1 Stunde durchziehen lassen.

Zubereitungszeit: 30 Minuten, ohne Abkühlzeit | Durchziehzeit: etwa 1 Stunde | 6–7 Portionen | Pro Portion: E: 1 g, F: 0 g, Kh: 38 g, kJ: 813, kcal: 194, BE: 3,0

TIPP Die Salsa passt gut zu gegrilltem Gemüse und Obst.

BOHNEN-DIP (IM FOTO OBEN)

2 Dosen Kidneybohnen
(Füllgewicht je Dose 400 g)
200 g Joghurt (3,5 % Fett)
1 Bund glatte Petersilie
Salz
gem. Pfeffer
½ TL gem. Chili

1. Die Kidneybohnen mit dem Sud in eine Rührschüssel geben.

2. Die Petersilie abspülen, trocken tupfen und die Blättchen von den Stängeln zupfen. Die Blättchen fein schneiden.

3. Die Bohnen fein pürieren. Joghurt und Petersilie unterrühren. Den Bohnen-Dip mit Salz, Pfeffer und Chili abschmecken.

Tipps: Den Dip z.B. zu den gefüllten Couscous-Tomaten, den gegrillten Süßkartoffelscheiben oder den Halloumi-Spießen reichen. Oder den Dip zu gegrillten Baguettescheiben oder Fladenbrot reichen. Statt Kidneybohnen können auch schwarze Bohnen aus der Dose verwendet werden.
Zum Servieren den Dip mit glatter Petersilie garnieren.

Zubereitungszeit: 10 Minuten |
6–8 Portionen | Pro Portion: E: 7 g, F: 2 g, Kh: 12 g, kJ: 437, kcal: 105, BE: 1,0

APFEL-PAPAYA-DIP (IM FOTO UNTEN)

9 EL Kräuteressig
90 g Zucker

1 Papaya (etwa 300 g)
3 Äpfel (etwa 300 g)
3 rote Zwiebeln (etwa 180 g)
450 g Crème fraîche
Salz

1. Essig mit Zucker in einem Topf erhitzen, bis der Zucker aufgelöst ist, dabei gelegentlich umrühren. Den Essig-Zucker-Sud erkalten lassen.

2. Papaya längs halbieren und entkernen. Die Papayahälften schälen. Die Äpfel abspülen, abtrocknen, vierteln und entkernen. Die Zwiebeln abziehen. Papaya, Äpfel und Zwiebeln fein würfeln.

3. Die Crème fraîche mit dem Essig-Zucker-Sud verrühren. Die Papaya-, Apfel- und Zwiebelwürfel unterrühren. Den Dip mit etwas Salz abschmecken.

Zubereitungszeit: 15 Minuten, ohne Abkühlzeit |
etwa 8 Portionen | Pro Portion: E: 2 g, F: 17 g, Kh: 21 g, kJ: 1048, kcal: 253, BE: 1,5

MARINADE „ASIA-ART"

Für die Marinade:
etwa 150 ml helle Sojasauce
etwa 200 ml Sojaöl
etwa 100 ml Zitronensaft
¼ TL Cayennepfeffer
6–8 gestr. TL 5-Gewürze-Pulver
4 gestr. TL. gem. Ingwer
4 gestr. TL Currypulver

1. Für die Marinade Sojasauce mit Sojaöl und Zitronensaft verschlagen. Cayennepfeffer, 5-Gewürze-Pulver, Ingwer und Curry unterrühren.

Zubereitungszeit: 10 Minuten |
für etwa 800 g Tofu (4 je 200 g Stücke, 6–8 Portionen) |
Insgesamt: E: 16 g, F: 205 g, Kh: 39 g, kJ: 8598, kcal: 2053, BE: 3,5

 **TIPPS**

Die Marinade ist ideal zum Einlegen von Tofu. Dazu die Tofustücke nebeneinander in eine flache Schale legen und mit der Marinade begießen. Die Tofustücke mind. 30 Minuten zugedeckt im Kühlschrank durchziehen lassen, dabei einmal wenden. Da der Tofu aber wenig Eigengeschmack hat, kann er auch etwa 2 Stunden oder gar über Nacht im Kühlschrank durchziehen. Dann den Tofu ab und zu wenden. Zum Grillen den Tofu gut abtropfen lassen und auf dem gefetteten Grillrost des heißen Grills 5–10 Minuten grillen, dabei einmal wenden.

Nach Belieben den Tofu beim Grillen mit der Marinade bestreichen, dann die Tofustücke jedoch in einer Edelstahl-Grillschale (ohne Löcher) grillen. Zum Servieren den Tofu in Scheiben schneiden.

Den gegrillten Tofu z. B. zu Grillgemüse reichen.

SCHARFE
NUSS- UND ZWIEBEL-BALSAMICO-MARINADE

Für die scharfe Nussmarinade (im Foto unten):

1 Gemüsezwiebel (etwa 275 g)
250 ml Erdnuss- oder Sesamöl
300 g gemischte, fein gehackte Nusskerne (z. B. gehackte Mandeln, Walnüsse und Haselnüsse)
60 g Sambal Oelek
100 ml Sojasauce
200 ml Thai-Chili-Sauce

Für die Zwiebel-Balsamico-Marinade (im Foto oben):

3 rote Zwiebeln (etwa 300 g)
6 Knoblauchzehen
5 EL Crema di Balsamico
200 ml dunkler Balsamico-Essig
100 ml Wasser
100 g brauner Zucker
gem. Pfeffer
100 ml Olivenöl

1. Für die scharfe Nussmarinade die Gemüsezwiebel abziehen und in kleine Würfel schneiden. Das Öl in einem Topf erhitzen. Die Zwiebelwürfel kurz darin dünsten. Die gehackten Nüsse vorsichtig dazugeben, unterrühren und unter Rühren anbräunen.

2. Sambal Oelek, Sojasauce und Thai-Chili-Sauce hinzugießen, unterrühren und die Marinade unter gelegentlichem Rühren etwa 5 Minuten köcheln lassen.

3. Den Topf von der Kochstelle nehmen und die Nussmarinade erkalten lassen.

4. Für die Zwiebel-Balsamico-Marinade Zwiebeln und Knoblauch abziehen und fein würfeln.

5. Crema di Balsamico mit Balsamico-Essig und Wasser verrühren, Zucker und Pfeffer unterrühren. Das Olivenöl unterschlagen und so lange weiterrühren, bis der Zucker sich aufgelöst hat. Dann die Zwiebel- und Knoblauchwürfel unterrühren.

Zubereitungszeit: je 15–30 Minuten |
für je etwa 1 kg Gemüse, Tofu, Grillkäse oder Obst |
Insgesamt scharfe Nussmarinade: E: 13 g, F: 10 g, Kh: 67 g, kJ: 1751, kcal: 419, BE: 5,5
Insgesamt Zwiebel-Balsamico-Marinade: E: 6 g, F: 101 g, Kh: 200 g, kJ: 7268, kcal: 1736, BE: 15,5

SÜSSE DESSERTS & FRUCHTIGES FINALE

PASST IMMER – AUCH WENN GAR NICHTS MEHR GEHT

ANANAS-NEKTARINEN-SPIESSE

(TITELREZEPT)

6 Nektarinen (etwa 900 g)
800–1000 g frisches Ananasfruchtfleisch (aus dem Kühlregal)

3 EL Akazienhonig
250 ml süße Chilisauce
1 Chilischote

einige Stängel Pfefferminze
15 g Chilifäden

Außerdem:
6 Grillspieße (etwa 25 cm lang,
z. B. Bambusspieße, über Nacht in
Wasser eingelegt)
1–2 Edelstahl-Grillschalen
(ohne Löcher)

1. Die Nektarinen abspülen, abtrocknen, vierteln und die Steine entfernen. Die Nektarinenviertel nochmals längs halbieren.

2. Die Ananas zuerst in etwa 2 cm dicke Scheiben und dann in mundgerechte Stücke schneiden.

3. Chilischote längs halbieren, entstielen, entkernen, abspülen, trocken tupfen und fein hacken.

4. Die Chilisauce mit Akazienhonig und fein gehackter Chilischote verrühren.

5. Die Nektarinen- und Ananasstücke abwechselnd auf die Spieße stecken. Die Spieße in eine große, flache Schale legen und mit der Sauce bestreichen. Spieße etwa 15 Minuten durchziehen lassen.

6. Pfefferminze abspülen, trocken tupfen und die Blättchen von den Stängeln zupfen.

7. Die Spieße abtropfen lassen und nebeneinander in die Grill-schalen (gefettet) legen. Die Grillschalen auf den Grillrost des hei-ßen Grills stellen. Die Ananas-Nektarinen-Spieße von jeder Seite etwa 5 Minuten grillen.

8. Dann die Spieße nochmals mit der Sauce einstreichen, mit den Minzeblättchen und den Chilifäden garnieren und servieren. Die restliche Sauce dazureichen.

Zubereitungszeit: 30 Minuten | Durchziehzeit: etwa 15 Minuten | Grillzeit: etwa 10 Minuten |
6 Spieße | Pro Spieß: E: 3 g, F: 1 g, Kh: 63 g, kJ: 1212, kcal: 289, BE: 5,5

 **TIPP** Die Ananas-Nektarinen-Spieße statt in Grillschalen auf einer Grillplatte (gefettet) grillen.

GEGRILLTE APFELSCHEIBEN
AUF ZIMTSTUTEN

80 g Butter
2 TL feiner Zucker
1 gestr. TL gem. Zimt

4 süßsaure Äpfel (z. B. Cox Orange)
4 Scheiben süßes Stutenbrot
(Rosinenbrot, je 30 g)

4 TL griechischer Joghurt
4 geh. TL Studentenfutter
etwa 2 TL flüssiger Honig

1. Die Butter zerlassen. Zucker und Zimt miteinander vermischen.

2. Die Äpfel abspülen, abtrocknen und das Kerngehäuse mit einem Apfelausstecher ausstechen. Die Äpfel dann in je 4 Ringe schneiden.

3. Apfelringe und Stutenbrotscheiben von beiden Seiten mit der zerlassenen Butter bestreichen. Apfelringe und Stutenbrotscheiben auf dem gefetteten Grillrost des heißen Grills bei starker Hitze von beiden Seiten insgesamt 3–4 Minuten grillen. Achtung! Die Stutenbrotscheiben nehmen schneller Farbe an als die Apfelringe.

4. Die gegrillten Apfelringe und Stutenbrotscheiben dann mit Zimtzucker bestreuen und nochmals knapp 1 Minute weitergrillen.

5. Die Stutenbrotscheiben jeweils mit 4 Apfelringen belegen, mit je 1 Teelöffel griechischen Joghurt, Studentenfutter und Honig nach Geschmack garnieren. Sofort servieren.

Zubereitungszeit: 15 Minuten | Grillzeit: 4–5 Minuten |
4 Portionen | Pro Portion: E: 3 g, F: 14 g, Kh: 40 g, kJ: 1281, kcal: 306, BE: 3,5

SÜSSER COUSCOUS
MIT DATTELN UND NÜSSEN

250 g Instant-Couscous
Wasser
(nach Packungsanleitung)
1 Prise Salz
6 EL Zucker

50 g Butter
150 g Datteln
175 g Studentenfutter

etwa 300 ml Milch (3,5 % Fett)

Außerdem:
8 Bögen Alufolie

1. Couscous nach Packungsanleitung mit Wasser (die auf der Packung angegebene Flüssigkeitsmenge verwenden), Salz und Zucker zubereiten.

2. Die Butter zerlassen. Die Datteln entsteinen und grob hacken. Studentenfutter und Datteln zum gegarten Couscous geben und untermengen. Die Couscous-Masse in 8 gleich große Portionen teilen und jeweils eine Portion als Häufchen in die Mitte der Alufolienbögen setzen. Je ein Achtel der Butter daraufträufeln. Die Alufolien fest verschließen, sodass Päckchen entstehen.

3. Die Päckchen am äußeren Rand auf den Grillrost des heißen Grills legen und bei mittlerer Hitze etwa 20 Minuten grillen. Die Päckchen hin und wieder drehen, dabei darauf achten, dass die Butter nicht auslaufen kann.

4. Die Milch erwärmen und zusammen mit den Couscous-Päckchen servieren. So kann sich jeder nach Geschmack die warme Milch über seine Portion gießen.

Zubereitungszeit: 15 Minuten | Grillzeit: etwa 20 Minuten |
8 Portionen | Pro Portion: E: 8 g, F: 13 g, Kh: 14 g, kJ: 1545, kcal: 370, BE: 5,0

EXOTISCHE FRUCHTSPIESSE
MIT MANGOSAUCE

3 frische Feigen
etwa 400 g Ananasfruchtfleisch
(aus dem Kühlregal)
1 feste Papaya (etwa 200 g)
1 Mango (etwa 400 g)
1–2 Orangen

Für die Marinade:
60 g Butter
4 EL Honig
3 EL Limettensaft
6 EL Orangensaft

150 g gehackte Mandeln

Für die Mangosauce:
1 große Mango (etwa 400 g)
1 EL Limettensaft
1 ½ EL Orangensaft
1 TL Zucker

Außerdem:
12 Spieße (15–20 cm lang,
z. B. Bambusspieße, über Nacht in
Wasser eingelegt)
2 Edelstahl-Grillschalen
(ohne Löcher)

1. Die Feigen abspülen, trocken tupfen und Stielansätze abschneiden. Feigen halbieren oder vierteln. Ananasfruchtfleisch in etwa 2 cm dicke Scheiben schneiden. Die Scheiben sechsteln.

2. Papaya heiß abwaschen, trocken tupfen, längs halbieren und entkernen. Die Papayahälften quer in etwa 2 cm dicke Scheiben schneiden und evtl. halbieren.

3. Das Fruchtfleisch der Mango vom Stein schneiden. Mango schälen. Das Fruchtfleisch in mundgerechte Stücke schneiden. Restliches Mangofruchtfleisch für die Mangosauce beiseitelegen.

4. Die Orangen so schälen, dass die weiße Haut mit entfernt wird. Die Orangen in mundgerechte Stücke schneiden.

5. Für die Marinade die Butter in einem Topf zerlassen. Honig, Limetten- und Orangensaft hinzugeben und unterrühren. Das Ganze unter gelegentlichem Rühren zu einer dicklichen Marinade einkochen lassen (etwa 5 Minuten).

6. Die Mandeln auf einen großen Teller geben. Die Fruchtstücke abwechselnd auf die Spieße stecken und rundherum mit der Marinade bestreichen. Die Spieße in den Mandeln wälzen und nebeneinander in die Grillschalen (gefettet) legen.

7. Für die Mangosauce das Fruchtfleisch der Mango vom Stein schneiden. Mango schälen. Das Fruchtfleisch in Stücke schneiden, beiseitegelegtes Mangofruchtfleisch hinzugeben und mit dem Saft pürieren. Mangosauce mit Zucker abschmecken.

8. Die Grillschalen auf den Rost des heißen Grills stellen. Die Spieße 8–10 Minuten bei nicht zu starker Hitze grillen, dabei einmal wenden. Die exotischen Fruchtspieße noch warm mit der Mangosauce servieren.

Zubereitungszeit: 40 Minuten | Grillzeit: 8–10 Minuten |
12 Spieße | Pro Spieß: E: 4 g, F: 9 g, Kh: 16 g, kJ: 696, kcal: 166, BE: 1,5

PFIRSICHE
MIT MARZIPAN-MASCARPONE-FÜLLUNG

3 reife Pfirsiche
90 g Marzipan-Rohmasse
90 g Mascarpone
(ital. Frischkäse) oder
Crème fraîche
24 Amarettini

Außerdem:
6 Bögen Alufolie

1. Die Pfirsiche abspülen, abtrocknen, halbieren und jeweils den Stein entfernen.

2. Marzipan-Rohmasse in 6 gleich große Stücke schneiden. Je ein Marzipanstück in die Vertiefung einer Pfirsichhälfte drücken.

3. Die Pfirsichhälften jeweils in die Mitte der Alufolienbögen setzen. Mascarpone oder Crème fraîche auf den Marzipanfüllungen verteilen. Amarettini grob zerbröseln und darauf verteilen.

4. Die Alufolien so verschließen, dass Päckchen entstehen. Die Päckchen am äußeren Rand auf den Grillrost des heißen Grills legen und bei mittlerer Hitze etwa 20 Minuten grillen.

5. Dann die gegrillten Pfirsiche in den Folien servieren oder aus den Folien nehmen und sofort servieren.

Zubereitungszeit: 30 Minuten | Grillzeit: etwa 20 Minuten |
6 Portionen | Pro Portion: E: 4 g, F: 11 g, Kh: 16 g, kJ: 771, kcal: 184, BE: 1,5

TIPPS Statt der Pfirsiche eignen sich auch Nektarinen für dieses Grilldessert. Möchten Sie zum Wintergrillen ein Dessert zubereiten, dann füllen Sie doch einfach 6 etwas ausgehöhlte Apfelhälften mit der Marzipan-Mascarpone-Füllung. Die Päckchen können Sie 2–3 Stunden vor dem Grillen vorbereiten und in den Kühlschrank stellen. Die Päckchen dann etwa 15 Minuten vor dem Grillen aus dem Kühlschrank nehmen.

GEMINZTE HONIGMELONE

etwa 40 g Pfefferminzeblättchen
(oder ersatzweise 10 Beutel
Pfefferminzetee)
250 ml Wasser
2 EL Akazienhonig

2 Honigmelonen

einige Stängel Pfefferminze
zum Garnieren

Außerdem:
1–2 Edelstahl-Grillschalen
(ohne Löcher)

1. Die Minzeblättchen abspülen und auf Küchenpapier abtropfen lassen. Wasser und Akazienhonig in einem Topf verrühren, aufkochen lassen und die Pfefferminzeblätter oder ersatzweise die Teebeutel hinzugeben, zugedeckt etwa 15 Minuten ziehen lassen.

2. In der Zwischenzeit die Melonen abspülen, abtrocknen, halbieren und mit einem Löffel entkernen. Jede Melonenhälfte in 6 Spalten teilen und nebeneinander in ein tiefes Backblech legen.

3. Die Minzeblättchen oder Teebeutel aus dem Topf mit dem Minzesud nehmen. Den Minzesud über die Melonenspalten auf dem Backblech gießen. Das Backblech in den Kühlschrank stellen und die Melonenspalten etwa 1 Stunde durchziehen lassen, dabei die Spalten alle 15 Minuten wenden.

4. Die Grillschalen (gefettet) auf den Rost des heißen Grills stellen und stark erhitzen. Die Melonenspalten abtropfen lassen und portionsweise in den Grillschalen etwa 3–5 Minuten von beiden Seiten grillen.

5. Die Minzestängel abspülen, trocken tupfen und die Blättchen von den Stängeln zupfen. Die gegrillten Melonenspalten mit den Minzeblättchen garniert servieren.

Zubereitungszeit: 30 Minuten | Durchziehzeit: etwa 1 Stunde | Grillzeit: etwa 15 Minuten |
8 Portionen | Pro Portion: E: 2 g, F: 3 g, Kh: 26 g, kJ: 577, kcal: 138, BE: 2,0

TIPPS Anstelle der Grillschalen kann auch eine Grillplatte verwendet werden. Statt Honigmelonen eignen sich auch Netz-, Ogen- und Wassermelonen.

ERDBEER-CROISSANTS
MIT HÜTTENKÄSE (FOTO)

4 Croissants (je etwa 65 g)
8 Erdbeeren
200 g Hüttenkäse

4 geh. TL Erdbeerkonfitüre

1. Die Croissants waagerecht halbieren. Erdbeeren putzen, abspülen, trocken tupfen, entstielen und vierteln. Untere Croissanthälften mit dem Hüttenkäse bestreichen. Erdbeerstücke darauf verteilen.

2. Die Erdbeerkonfitüre glatt rühren. Die oberen Croissant-Hälften mit je 1 Teelöffel der Erdbeerkonfitüre bestreichen. Die Croissant-Hälften wieder zusammensetzen.

3. Erdbeer-Croissants auf den gefetteten Grillrost des heißen Grills legen, bei mittlerer Hitze von beiden Seiten insgesamt 2–3 Minuten grillen. Dabei die Croissants einmal sehr vorsichtig wenden.

Zubereitungszeit: 5 Minuten | Grillzeit: 2–3 Minuten |
4 Portionen | Pro Portion: E: 11 g, F: 19 g, Kh: 41 g, kJ: 1584, kcal: 378, BE: 3,5

CROISSANTS MIT NUSS-NOUGAT-FÜLLUNG

6 Croissants (abgepackt, je 50 g)
200 g Nuss-Nougat
1 EL Aprikosenkonfitüre
1 EL Schokoflocken
1 EL Hagelzucker (etwa 20 g)

Außerdem:
6 Bögen Alufolie

1. In die Croissants längs mithilfe eines Kochlöffelstieles jeweils ein tiefes Loch bohren. Nuss-Nougat längs in 6 Stangen schneiden, diese halbieren und jeweils 2 Stücke in die Croissant-Löcher schieben. Jedes Croissant in einen Bogen Alufolie einpacken.

2. Die Croissant-Päckchen auf den Grillrost des heißen Grills legen und bei nicht zu starker Hitze 10–15 Minuten grillen.

3. Konfitüre durch ein feines Sieb streichen, mit etwas Wasser verrühren und in einem kleinen Topf unter Rühren erhitzen. Die Alufolie öffnen. Gegrillte Croissants mit der warmen Konfitüre bestreichen, mit Schokoflocken und Hagelzucker bestreuen.

Zubereitungszeit: 30 Minuten | Grillzeit: 10–15 Minuten |
6 Portionen | Pro Portion: 5 g, F: 21 g, Kh: 47 g, kJ: 1720, kcal: 401, BE: 4,0

TIPPS RUND UMS GRILLEN

Früher gab es nur eine Sommer-Grillsaison. Heute grillen wir zu jeder Jahreszeit: Hoffen im Frühjahr auf die ersten milden Tage zum Angrillen. Wünschen uns im Sommer laue Nächte, um dann an herbstlichen Nachmittagen jeden noch wärmenden Sonnenstrahl fürs Grillen zu nutzen. Und weil es so schön romantisch ist, versammeln wir uns auch im Winter um den wärmenden Grill.

Der Grillplatz
Suchen Sie sich zum Grillen einen Platz aus, der im Notfall vor Wind und Regen und im Winter auch vor Schnee geschützt ist.
Der nicht entflammbare Untergrund für den Grill muss ebenerdig sein, damit der Grill festen Stand hat und nicht umkippen kann.

Der Grill
Für welchen Grill Sie sich entscheiden, hängt von Ihren persönlichen Vorlieben ab. Der Holzkohlegrill ist immer noch am beliebtesten, dabei geht der Trend zum verschließbaren Kugelgrill. Ein Schwenkgrill ist ideal, wenn Sie größere Grillmengen auf einmal zubereiten möchten. Ein Gasgrill hat den Vorteil, dass er sofort einsatzbereit ist und das Vorheizen entfällt.

Der Grillrost sollte in jedem Fall höhenverstellbar sein. So kann die Hitzezufuhr reguliert werden und das Grillgut bei unterschiedlichen Temperaturen garen.

Wichtig ist ein Windschutz am Grill, damit nicht schon beim kleinsten Windhauch Funken oder Aschepartikel umherfliegen.

Die Grillglut
Kalkulieren Sie ausreichend Zeit zum Vorheizen ein, bis die perfekte Grillglut erreicht ist. Verwenden Sie zum Anzünden der Holzkohle einen Anzündkamin oder Sicherheitsbrennpaste bzw. Sicherheitsanzünder. Beachten Sie in jedem Fall die entsprechende Herstelleranleitung.

Optimal ist es, verschiedene Heizzonen im Grill anzulegen: zuerst eine sehr heiße Zone zum Anbraten des Grillgutes. Hier wird die meiste Kohle zum Glühen gebracht. In der Mitte wird eine Schicht Grillkohle bereitgehalten, auf der das Grillgut gegart wird. Auf der anderen Seite des Grills sollte nur ganz wenig oder gar keine Kohle liegen, denn die glühende Kohle vom Rest des Grills strahlt in der Regel genügend Wärme ab, um das fertig Gegrillte warm zu halten.

Die Holzkohle bzw. die Grillbriketts sind genügend durchgeglüht, wenn sie von einer leichten weißen Ascheschicht überzogen sind. Die Hitze ist dabei um so stärker, je dichter die Glut liegt.

Das Grillen

Den Grillrost auf jeden Fall vor dem Grillen einfetten, so bleibt das Grillgut nicht am Rost kleben. Am besten geht dies mit einem mit Pflanzenöl getränkten Küchenpapier.
Generell können Sie jedes Grillgut in gefetteten Edelstahl-Grillschalen oder auf Grillplatten grillen. So wird verhindert, dass Fett in die Glut

tropft und sich der dadurch aufsteigende, gesundheitsschädliche Rauch an der Oberfläche der Lebensmittel festsetzt. Die Grillzeiten verlängern sich dabei kaum.

Wird das Grillgut längere Zeit gegrillt (15–30 Minuten), sollte es auf dem Grillrost möglichst weit hoch gesetzt werden, damit es nicht zu stark bräunt, bevor es gar ist. Das Grillgut immer mit etwas Abstand auf den Grillrost legen, so lässt es sich einfacher wenden.

Was sonst noch wichtig ist

> Grillhandschuhe schützen vor der Grillhitze.
> Eine Grillschürze schont die Kleidung vor Fettspritzern.
> Eine lange Grillzange ist vor allem bei größeren Grills ein Muss, um auch das Grillgut im hinteren Teil des Grills gut wenden zu können.
> Angebranntes gehört nicht mehr auf den Teller.
> Ist das Grill-Event vorbei, den Grill und die Asche vollständig über Nacht erkalten lassen. Erst dann die Asche entsorgen. Muss es schneller gehen, die Glut mit Sand ablöschen.

ALLGEMEINE HINWEISE

Abkürzungen
EL = Esslöffel
TL = Teelöffel
Msp. = Messerspitze
Pck. = Packung/Päckchen
g = Gramm
kg = Kilogramm
ml = Milliliter
l = Liter
evtl. = eventuell
geh. = gehäuft
gem. = gemahlen
ger. = gerieben
gestr. = gestrichen
TK = Tiefkühlprodukt

Kalorien-/ Nährwertangaben
E = Eiweiß
F = Fett
Kh = Kohlenhydrate
kJ = Kilojoule
kcal = Kilokalorien
BE = Broteinheiten

Bei den Nährwertangaben in den Rezepten handelt es sich um auf- bzw. abgerundete ganze Werte. Lediglich die Broteinheiten werden in 0,5 er-Schritten mit einer Stelle nach dem Komma ausgewiesen.

Aufgrund von ständigen Rohstoffschwankungen und/oder Rezepturveränderungen bei Lebensmitteln kann es zu Abweichungen kommen. Die Nährwertangaben dienen daher lediglich Ihrer Orientierung und eignen sich nur bedingt für die Berechnung eines Diätplans, zum Beispiel bei Krankheiten wie Diabetes. Bei krankheitsbedingten Diäten richten Sie sich daher nach den Anweisungen Ihres Diätassistenten bzw. Ihres Arztes.

Hinweise zu den Rezepten

Die Anzahl der Portionen wird in jedem Rezept angegeben. Lesen Sie bitte vor der Zubereitung – besser noch vor dem Einkauf – das Rezept einmal vollständig durch. So werden Arbeitsabläufe oder -zusammenhänge verständlicher.

Zutatenliste und Arbeitsschritte

Die Zutaten sind in der Reihenfolge ihrer Verarbeitung aufgeführt. Die Arbeitsschritte sind einzeln hervorgehoben, in der Reihenfolge, in der sie von uns ausprobiert worden.

Zubereitungszeiten

Die Zubereitungszeit ist ein Anhaltswert für die Dauer der Vorbereitung und die eigentliche Zubereitung. Sie variiert je nach Geschick und Übung. Längere Wartezeiten wie Kühl- oder Abkühlzeiten sowie Auftauzeiten sind, sofern parallel keine weitere Tätigkeit erfolgt, nicht in der Zubereitungszeit enthalten. Die Grillzeiten werden gesondert ausgewiesen.

Gar- und Grillzeiten

Vor allem beim Grillen mit Holzkohle lässt sich die Temperatur nicht exakt regeln. Die in den Rezepten angegebenen Grill- und Garzeiten sind deshalb nur Richtwerte, die je nach individueller Hitzeleistung des Grillgerätes (Holzkohle-, Elektro- oder Gasgrill) über- oder unterschritten werden können. Beachten Sie die Gebrauchsanweisung des Herstellers.

Sicheres Grillen

Beachten Sie immer die entsprechenden Sicherheitshinweise des Herstellers! Stellen Sie den Grill auf einen nicht entflammbaren Untergrund. Damit es nicht umkippen kann, muss das Gerät fest und ebenerdig stehen.

Wichtig: Greifen Sie beim Anzünden des Brennmaterials niemals zu Brandbeschleunigern wie Spiritus, Benzin oder Terpentin! Diese Stoffe sind leicht entflammbar und deshalb viel zu gefährlich!

ALPHABETISCHES REGISTER

Dr. Oetker Verlag

IMPRESSUM VEGETARISCH GRILLEN

Für Fragen, Vorschläge oder Anregungen stehen Ihnen der Verbraucherservice der Dr. Oetker Versuchsküche Telefon: 00800 71 72 73 74 Mo.–Fr. 8:00–18:00 Uhr sowie Sa. 9:00–15:00 Uhr zur Verfügung.

Copyright
© 2016 ZS Verlag GmbH
Türkenstraße 9
D-80333 München

ISBN: 978-3-7670-0877-9
1. Auflage 2016

Projektleitung
Andrea Gloß

Redaktion
Annerose Sieck

Titelfoto
Janne Peters, Hamburg

Innenfotos
Walter Cimbal, Hamburg (S. 65, 124)
Eising Studio Food Photo & Video, München
(S. 22, 30, 52, 60–64, 66, 80, 94) Fotostudio Diercks
(Kai Boxhammer, Thomas Diercks, Christiane Krüger)
Hamburg (S. 4–13, 18, 20, 24–28, 32–44, 48, 50, 54, 56,
67–74, 78, 82, 84, 90, 91, 100–110, 116, 121, 125 l.u.)
Janne Peters, Hamburg (S. 96)
Antje Plewinski, Berlin (S. 88)
Hans-Joachim Schmidt, Hamburg (S. 76, 86, 92, 98)
Axel Struwe, Bielefeld (S.16, 58, 125 l.o, r.)
Winkler Studios, Bremen (S. 46, 112, 114,118, 122)

Nährwertberechnungen
Nutri Service, Hennef
Herstellung
Peter Karg-Cordes
Producing
Jan Russok

Titelgestaltung
FUCHS DESIGN, München

Grafisches Konzept, Gestaltung, Satz
FUCHS DESIGN, München

Reproduktionen
Repro Ludwig, Zell am See, Österreich

Druck und Bindung
Optimal media GmbH, 17207 Röbel / Müritz

Die Autoren haben dieses Buch nach bestem Wissen und Gewissen erarbeitet. Alle Rezepte, Tipps und Ratschläge sind mit Sorgfalt ausgewählt und geprüft. Eine Haftung des Verlages und seiner Beauftragten für alle erdenklichen Schäden an Personen, Sach- und Vermögensgegenständen ist ausgeschlossen.

Nachdruck und Vervielfältigung (z. B. durch Datenträger aller Art) sowie Verbreitung jeglicher Art, auch auszugsweise, ist nur mit ausdrücklicher Genehmigung und Quellenangabe gestattet.

Die Bücher und E-Books unter der Marke Dr. Oetker Verlag erscheinen als Lizenz in der ZS Verlag GmbH.
www.oetker-verlag.de
www.facebook.de/Dr.Oetker Verlag

Die ZS Verlag GmbH ist ein Unternehmen der Edel AG, Hamburg.
www.zsverlag.de
www.facebook.de/zs-verlag